Jaroslav Seifert

Der Halleysche Komet
Der Regenschirm von Piccadilly
Die Pestsäule

## SERIE PIPER
Band 755

*Zu diesem Buch*

Die drei in diesem Band zusammengefaßten Gedichtsammlungen, »Der Halleysche Komet« (1966), »Der Regenschirm vom Piccadilly« (1979) und »Die Pestsäule« (1981), erweisen die hohe Dichtkunst des Lyrikers Jaroslav Seifert. Seifert wurde schon früh, nicht nur wegen seines unermüdlichen Einstehens für die Menschenrechte, als »Inkarnation des tschechischen Dichters« empfunden.

»..ich trage die Worte, die mir der Wind durchs offene Fenster zuweht, im Hohlraum zwischen den Handflächen, damit sie nicht ihren Flaum verlieren.« Seiferts Sensibilität, seine reiche Erfindungs- und Gestaltungsgabe finden in diesem Credo einen charakteristischen Ausdruck. Ernst und zugleich scheinbar unbeschwerte Heiterkeit durchdringen die Gedichte seines Spätwerks, in dem zu Recht der Kulminationspunkt seiner lyrischen Lebensempfindung und Weltsicht gesehen wird. In freien, rhythmischen und sehr konkreten Versen besingt Seifert die Erinnerung an die Kindheit, das alte Prag, die Anmut der Frauen und die Schönheit der Natur und vor allem die schmerzvolle und zeitlose Sehnsucht des Menschen nach Frieden und Liebe. Der wahrhaftige Tonfall dieses Dichters läßt ihn als befreiendes Bild menschlicher Unbeugsamkeit erscheinen.

*Jaroslav Seifert*, 1901 in Prag geboren und 1986 gestorben, war zunächst Kulturredakteur und Mitbegründer der avantgardistischen Künstlervereinigung »Devětsil«. Als Lyriker legte er 30 Gedichtbände vor. 1984 Nobelpreis für Literatur.

Jaroslav Seifert

# DER HALLEYSCHE KOMET
# DER REGENSCHIRM VOM PICCADILLY
# DIE PESTSÄULE

*Gedichte*

Aus dem Tschechischen
von Franz Peter Künzel

Piper
München Zürich

Die Originalausgaben erschienen unter den Titeln
»Halleyova Kometa« (1966),
»Destnik z Piccadilly« (1979) und
»Morovy sloup« (1981) bei
Československý spisovatel, Prag.

ISBN 3-492-10755-9
Februar 1988
R. Piper GmbH & Co. KG, München
Lizenzausgabe mit Genehmigung des
Schneekluth Verlags, München
Der Halleysche Komet:
Originalausgabe © Jaroslav Seifert 1966
Deutsche Ausgabe © Schneekluth Verlag, München, 1986
Der Regenschirm vom Piccadilly / Die Pestsäule:
Originalausgaben © Jaroslav Seifert 1979, 1981
Deutsche Ausgabe © Schneekluth Verlag, München, 1985
Umschlag: Federico Luci,
unter Verwendung des Gemäldes »Walnüsse« (1634)
von Antonio de Pereda (Kimbell Art Museum, Fort Worth)
Satz: SatzStudio Pfeifer, Germering
Druck und Bindung: Clausen & Bosse, Leck
Printed in Germany

# Der Halleysche Komet

# Widmung
*Für A. M. P.*

Ich schreibe Dir einen Brief, mein Lieber.
                        er wird kurz sein.
Aber ist es möglich, einen Brief
                  dorthin zu schicken,
wo nichts auf nichts beruht
und Stille die Stille zudeckt?

Ich schreibe mit unsichtbarer Tinte,
es genügt jedoch,
          die weiße Seite anzuhauchen,
damit auch die unsichtbare Schrift verschwindet.
In der Ferne tönt das Posthorn.

Vieles habe ich im Leben versäumt,
                  Du weißt es,
deshalb beeile ich mich heute,
da zu sein noch vor der Leerung
der orangeroten Kästen.

Der erste war bereits geleert,
den zweiten übersah ich in der Dämmerung,
und auf dem dritten stand der Hinweis,
er werde erst wieder geleert am Tage
des Jüngsten Gerichts.

So lange kann ich nicht warten,
überantworte den Brief darum
 lieber den Flammen des Flusses,
der ihn rasch forttragen wird.
Ich werfe ihn in die Wellen
 direkt dort am Ufer,
wo wir voriges Jahr miteinander spazierten,
als die klebrigen Pappeln herb dufteten
wie Frauenhaar.

# Königliches Lustschloß

Noch heute wird hier getanzt.
               Unter den Arkaden
reichen die Säulen einander die Hände,
und eine hält die andere um den Hals.

Und wo bleiben die Lieder?
               Rede den Vögeln zu,
wenn die Fontäne nicht mag.
Es ist, als sollten die Nachtigallen
               herbeifliegen,
aber die singen nur nachts.

Und nachts kommt der Mond hierher,
um die Perlen aufzulesen,
             wenn die Schnur reißt
dem schönsten Mädchen von Prag.

Dieses bist du!

# Tyl-Theater
*Für František Hampel*

Mag Don Juan den Komtur erstechen,
die Musik hat bereits die Stille überredet
              und der Vorhang hebt sich.
Was heutzutage anfangen mit einem Komtur!

Und der Graf Almaviva? Der fürchtet,
        Hörner aufgesetzt zu kriegen.
Denn der anmutige Cherub steht schon
              hinter dem Lehnstuhl
in durchscheinendem Schal
und wird sogleich durchs Fenster springen
                        ins Beet.

Bis heute ist es nicht gelungen,
hinauszulüften die Düfte
           dieser lieben Schatten
und hinauszukehren den Puder
                ihrer alten Perücken.

Für einen anderen Schatten aber öffne ich
              die Loge im Parterre.
Mit einem Seidentuch, dreimal verknotet,
saß hier oft ein tschechischer Dichter.
Wohl war er schüchtern,
           dennoch hatte er heißgeküßt
den schüchternen, kindlichen Mund
               jener, die –
Doch wozu erzählen, ihr kennt sie selbst!

Wie viele Leute waren bereit,
für sie alles hinzugeben!
        Und sie haben es getan.
Ihr Leben gar zu opfern!
        Und sie haben es geopfert.

Damit wir singen können.

## Insel Štvanice

Einige Schritte im staubigen Gras
gegen Abend einmal –
           und bis ans Lebensende
hängt sich dir die Sehnsucht an den Hals.


Nahe sein und immer noch näher sein
           und die Hand ausstrecken
nach einer Handvoll Wonne.
Zwar ist Wonne unerschöpflich,
aber es wird ihrer nie genug geben.
Und schon reißen nervös die Finger
auch am Dämmer der Schatten,
           der scheuen, ratlosen,
weil das Geheimnis, das eilig entflogene,
zurückkehren möchte.


Ich weiß nicht, warum die Frauen
mit allen anderen Mythen wegwerfen sollten
           auch den Mythos des Frauentums.
Durch ihn ist die Welt schöner.
Wofür taugte noch der Tanz,
der zwar weniger als eine Umarmung ist,
           aber trotzdem!


Insel der Liebe, ein anderer auch flüstert
von deinem verwelkenden Gras.
           Ich bin es,
wenn die Liebesleute am Ufer warten,
bis der Mond hinter die Wolken rudert,
bis jenseits die Kailichter aufflammen
und der Fluß verlischt.

Von diesem Augenblick an muß ich
                Verse schreiben,
und die Haarschöpfe der Frauen summen mir
wie Bienenschwärme im Kopf.

# Marche funèbre

Wenn es möglich ist, durch ein Tor zu gehen,
das längst abgetragen wurde,
und dabei dessen Bogen in der Luft
                mit dem Finger zu berühren,
dann können wir auch miteinander
dorthin gehen, wohin uns
                die Augen heute führen,
zumal wenn wir sie schließen.
                Wohl nur so
finde ich die bekannte Gasse wieder
und das Etagenfenster
mit dem leukoplastverklebten Glas.

Komm auf den Mäander mit,
doch du darfst nicht übertreten
                und mußt dich beeilen!
Ich höre in der Ferne schon die Musik.

Schritten einst die Trauerzüge
unter dem Fenster hin,
spielten die Kapellen trübselig.
Kamen sie vom Grab zurück,
schmetterten sie lustige Lieder.
                Heute fällt mir ein,
daß es hätte eher umgekehrt sein müssen.

Auf dem Friedhof herrschten Stille,
      heilige Ruhe, liebliches Laubgeraschel.
Die Lebenden aber mußten zurück
in die dämmerigen Winkel des Lebens,
wo Elend und Armut stumm nebeneinander
                auf kotigen Stangen hockten.
Freilich, nicht immer.

Ich folgte manchmal den Trauerzügen,
das Schulzeug unter dem Arm,
        und nicht selten geschah es,
daß für den Laden der Karabec'
Pferdewürste angeliefert wurden.
                Dem Tod zum Trotz
durchdufteten sie die ganze Gasse.
Man hatte sie auf der Räucherstange gebracht
wie Weintrauben aus dem Gelobten Land.

Ich war gern auf Friedhöfen,
fing dort rote Blattwanzen,
wenn sie aus alten Grüften krochen.
Gott weiß, wie ich mich verlieben konnte
in die traurige Frau,
        die ein Grab richtete.
Doch – was soll's?

Friedhöfe habe ich heute noch gern,
trotzdem lasse ich mich verbrennen.
Ich will nicht in einer Reihe begraben liegen.
              In einer Reihe niemals!
Vielleicht erinnert es mich zu sehr daran,
wie ich im Krieg um Brot anstand,
                        zusammengesunken,
weil Hunger herrschte.
Die Toten dort liegen zusammengesunken,
bis der Himmel sich öffnet.
                  Auch sie warten.
Auf das Erschallen der Engelsposaunen,
auf das Jüngste Gericht
        und die göttliche Gerechtigkeit.
Also eigentlich auf nichts.

# Der Halleysche Komet

In diesem Augenblick sah ich nichts,
                         nur fremde Rücken,
aber die Köpfe unter den Hüten
                    hatten sich ruckartig bewegt.
Die Gasse war voll.

Ich hätte mich am liebsten
                mit den Fingern emporgekrallt
an der kahlen Wand,
        wie es Äthertrunkene versuchen,
doch da wurde meine Hand
                von einer Frauenhand ergriffen,
ich tat ein paar Schritte,
und vor mir öffneten sich jene Abgründe,
die man Himmel nennt.

Die Türme der Kathedrale unten am Horizont
                              waren wie ausgeschnitten
aus mattem Stanniol,
und himmelhoch darüber ertranken die Sterne.

Dort ist er! Siehst du ihn?
           Ja, ich sehe ihn!
In Funkenbüscheln, die nicht verlöschten,
verlor sich unwiederbringlich der Stern.

Es war eine süße Frühlingsnacht
                nach der Maimitte,
die laue Luft wallte von Düften,
und ich atmete sie ein
                samt dem Staub der Sterne.

Als ich sommers einmal an Lilien roch
            – damals noch heimlich –
langstielige Lilien waren es
– die bei uns am Markt in Küchenkannen
verkauft wurden –,
lachte mich manch einer aus.
Ich hatte goldenen Blütenstaub im Gesicht.

# Pulverturm

Aus der oberen Vorstadt lief ich
zu diesem Turm
        und begann Prag zu entdecken.
Ich betrat die alten Gäßchen,
und mir wurde bang.

Aus den Wirtsstuben klang Gläserklirren,
und die Liebe ließ ihre schäbigen Spitzen
        übers Pflaster schleifen.
Ich aber eilte zum alten Ring
und weiter zum Fluß.

In der Weihnachtszeit war Markt
        auf dem Ring.
Abends zündeten die Verkäufer
        ihre Karbidlampen an,
die Orangen in ihren Strohkörben
        hatten sie zu Pyramiden geschichtet,
wie Kanoniere ihre Kugeln
        neben die Geschütze schichten,
wenn die Schlacht bevorsteht.
Es war die unausschöpfliche Zeit
        jungenhafter Einsamkeit.

Einmal lächelte mich
        ein unbekanntes Mädchen an.
Es hatte eine abgebrochene Rose im Mund,
eine angewelkte,
und flüsterte mir etwas in die Augen.

Ich ergriff die Flucht,
               rannte durchs Turmtor,
und noch als ich daheim die Türklinke
                          umklammert hielt,
schlug mein Herz laut.

Im Leben aber entging ich der Liebe nicht.
Unglückliche Rose!
               Sie verwelkte ohne mich.
Doch irgendwo dort hatte es begonnen.
Durch sie! Die Rose!

# Walfisch-Skelett

Wohin sich die beiden auch wendeten,
                überall waren Augen.
Über den Flügeln der Schmetterlinge
         aus den Urwäldern des Amazonas,
unter denen Spiegelchen lagen, damit man
            die Flügel von unten sehen konnte,
zwischen den Kolibris, die mit ihren Schnäbelchen
                      Lunten anzündeten,
damit die Blüten mit zitterndem Krachen platzten
und samt ihren Farben verglühten,
auch vor dem gräßlichen Gorilla.
Der erinnert einen immer an irgend jemand.

Die meisten Leute aber standen
              unter dem Walfisch-Skelett.
Wie ein Gespenst schwebte es über den Köpfen,
als prophezeite es Verderben.

Ich weiß nicht, was es einst gekostet hat,
aber auch einen Batzen Gold
hätten sie für ein Weilchen Alleinsein gegeben.
                      Die beiden!

So erging es damals scheuer Liebe
           in der wunderschönen Stadt,
wo Musikkapellen aufspielten,
kaum daß der Rasen zu grünen begann.

Einzig im Saal des Herrn Joachim Barrand,
wo der Aufseher auf seinem Stuhl schlummerte,
                    war niemand.
Hier begegneten ihre Lippen einander endlich
im Kuß, der länger währte,
als ein Taucher unter Wasser bleibt
beim Perlenfischen.

Doch genug von der Liebe!
Und was ist mit den Trilobiten?

Jahr um Jahr verging im Fluge,
und die Trilobiten aus dem Silur
haben zu ihren fünf Millionen Jahren
            noch fünfundvierzig hinzubekommen
und vielleicht ein Jährchen mehr.

# Bahnsteigkarte

Wenn ich das Wort Liebe sage,
beginnt ihr zu lachen.
Und doch hat sie mit meinem Blut
              lange gerungen,
sie wollte mir das Herz zerreißen.
Es verlangte mich, dich ganz zu überschütten
– aber, Gott, womit nur?

Wo sonst hätten sie sich küssen können
unter den vielen Leuten
              am hellichten Tag
als auf dem Bahnsteig?

Die Züge fuhren ein und fuhren ab,
sie blitzten vor lauter Fernen.
Zuerst nahmen sie Abschied voneinander
– der Fahrdienstleiter gab das Zeichen
              zur Abfahrt.
Ein Weilchen später begrüßten sie einander
                  mit Umarmung,
nachdem die einfahrende Lok aufgestöhnt
und der Zug gehalten hatte.

Heutzutage ist solches nicht mehr nötig.
Die glücklichen Liebenden
küssen einander, wo es sie gerade gelüstet.

Irgendwo las ich, daß der Mensch
                vor dem Sterben
in wenigen Sekunden sein ganzes Leben
                        noch einmal durchlebt.
Ich weiß nicht, wer auf die schweißnasse Stirn
einen so beschleunigten Zeitrafferfilm
                        zu projizieren vermag,
doch wer es auch sei
– möglich, daß ich hie und da
                      falsches Zeugnis ablegte.
Die Zeit jedoch erteilte mir öfter
freundliche Absolution.

Lange waren wir nicht auf dem Bahnsteig.
Sie lächelte mir jetzt wehmütig zu,
sagte mir Lebewohl
und fuhr, aus dem Zugfenster winkend,
in die Stille davon,
wo Tauben die runzelige Peluschke picken
zwischen den Geleisen des Bahnhofs.

Unmittelbar darauf fuhr auch ich weg
ans andere Ende der Welt.

Aber weder den einen noch den anderen Bahnhof
gab es und gibt es
im Fahrplan.

# Hauszeichen

Stolpernd schon im Staub, aufgewirbelt
von den Opanken der Zeit,
                denen ich stumm nacheile,
gebe ich Prag noch eine Nachricht.

Ich fühlte mich wohl in deinen Wänden.
Die jungen Lippen, die ich liebte,
                waren auch die deinen.

Zitternd trat ich von einem Bein aufs andere.
                Und als Scham
die Mädchenaugen plötzlich dazu bewegte,
sich zu schließen,
begannen meine Hände freudig umherzuirren.
Haus Zu den Zwei Sonnen,
           Haus zur Goldenen Waage,
                      Haus Zur Traube
und Zu den Zwei Turteltauben.

Das zögernde Paar lehnte sich im Dämmer
                an die rauhe Mauer.
Der Stein aber gab nicht nach.
            Sobald sie gegangen waren,
warf die Nacht über die Stelle,
                wo sie sich umarmt,
undurchdringliche Finsternis.

Nur auf dem schmalen Bürgersteig
                    perlten noch
die Sekunden ihrer Fußspuren.
Am nächsten Tag kamen sie wieder,
                    kamen im Dämmer wieder
ins alte Gefilde.
              Ich kenne jede Ecke dort
und jeden versteckten Winkel.
                  Auch die leere Bank,
in die ein Herz geritzt war.
Blind könnte ich mich dort bewegen.

Das Haus Zum goldenen Lamm.
          Und überall war es finster.
Als der Mond aufging, das Haus
                  Zum schwarzen Stern.
Dann benahm es mir eine Weile den Atem.
Das Haus Zur roten Rose.

# Basilika St. Georg

Würde in der Basilika des heiligen Georg
Feuer ausbrechen,
                was Gott verhüte,
wäre das Gemäuer nach dem Brand rosig.
Vielleicht auch beide Türme: Adam und Eva.
Eva ist schlanker, wie es bei Frauen
                zu sein pflegt,
was aber nur eine schwache Huldigung ist
                an ihr Geschlecht.
Tonstein wird in der Glut rasch rosig.

Wie junge Mädchen
nach dem ersten Kuß.

# Mai

Der Aussichtsturm schickt jemandem
unablässig weiße Wölkchen.
                      Dies geschieht häufig,
daran ist nichts Außergewöhnliches.
Denn es ist der Monat des Dichters,
und die Liebespaare bleiben fragend stehen,
schauen zu,
              wie der Dichter
mit bronzener Feder auf bronzenem Papier
sein Sternengedicht schreibt.

Vielleicht über der Menschen Leid
                      und Verzweiflung,
auf die vergebens niederscheinen die Sterne,
ober über die weibliche Vertiefung,
die voller Rosen ist,
              wenn wir auf die Knie sinken.

Von oben her, von dem tristen Restaurant
läßt sich ein Waldhorn vernehmen,
verfertigt aus dem Metall
                    erblühten Löwenzahns,
und das Mädchen drückt sein Gesicht
dem Begleiter in die Brust, dort,
                          wo beim Schießen
der Gewehrkolben eingezogen wird.

Verzeihen Sie, Meister, daß ich störe,
aber Sie waren es selbst,
der allen Ungeduldigen im Mai befahl:
Es ist spät am Abend,
                    die Stunde der Liebe!
Und es gab nicht viele,
          die ihn nicht befolgten,
diesen sanften Befehl.

# Der alte Friedhof von Olschan

Wie sollte ein Grab nicht zusammensinken,
dies bißchen aufgeschütteter Erde,
wenn Haus und Berg zusammensinken
oder gar eine ganze Stadt mit Türmen.

Wer die dort unter der Erde wohl sind?
Da ruht der Maler Václav Vitásek.
Sein Leben lang bemalte er
                 nur Porzellanpfeifen,
Oldřich und Božena[1], Fortuna mit Füllhorn
und Treue Liebe.
Er liegt mit seiner Frau hier,
                 und ringsum liegen
jene, die aus seinen Pfeifen rauchten.

Antonín Křížek[2] war Vergolder
und verzierte die Kreuze jener,
                 die ihm vorausgegangen.
In seinem grauen Bart verfing sich der Staub
von den Goldfolien.

---

[1] Ulrich und Theone
[2] Anton Kreuzlein

Es folgen der Färber Slunečko[1]
            und der Posamenter Nezbeda[2],
einige Schritte weiter schläft Růženka[3].
Sie hat eine Aufschrift mit Bild:
Gestorben jäh in der Blüte junger Jahre.
Wahrscheinlich ist ihr Herz gebrochen.
Dieses kam seinerzeit öfter vor.


Wozu Posamenten dienten,
            weiß ich gerade noch,
doch wie das Herz eines Mädchens bricht,
danach fragt lieber
            die Schlafende selber.
Sagt sie nichts,
      sagen es euch vielleicht
ihre großen, blauen, überraschten Augen,
die vor dem Leben erschraken.


[1] Sonnen-, Marienkäfer
[2] Tunichtgut
[3] Rosa, Rosalia

# Totengasse

Es war Herbst,
> man schrieb das Jahr achtzehn.
Gewehre, zu Pyramiden zusammengestellt,
> säumten da und dort
die Gehsteige vor den Häusern,
der große Krieg ging zu Ende.

Verwundete Soldaten
> schlenderten schweigend
> > durch die Gasse,
die einer nicht betreten konnte,
ohne daß man nicht gleich gewußt hätte,
> wohin er ging.
Mädchen, spärlich bekleidet, kämmten
> hinter den Fenstern
ihr zerzaustes Haar.

Wörter, die ich damals nur von Dichtern
> erlernt,
das Wort Sehnsucht,
> das Wort Traum, das Wort Liebe,
bedeuteten für mich nichts anderes
als Hindurchschlüpfen durch einen Gang,
in dem ein Kreuz hing
> und der Abort stank,
in dem schmutziggrauer Verputz
von Ellbogen so glänzig war,
daß er an Kapellenwände
> mit dunklen Halbedelsteinen
> > gemahnte.

Einhalten mochte ich erst auf der Treppe
von Sankt Niklas, um mich hinzusetzen
und die Angst von mir zu weisen,
                den lockenden Schrecken.

Alle Fenstergesichter
         mit der weißen Puderschicht
waren mir durch die Durchfahrt gefolgt
und bis hierher zur Kirche.

Ich schloß die Augen, um nichts zu sehen.
Die erste, die zweite
         und zwei von den übrigen
nahmen nahe auf der Treppe Platz
und ließen, wobei sie lächelten,
die Hemdträger frei herabgleiten
an den Oberarmen.

Um Himmels willen! Es war noch hell,
und Leute gingen vorbei!

Die eine hatte im Gesicht eine Narbe,
die zweite hatte vorn zwei Goldzähne,
         die dritte war betrunken
und der vierten war es an die Stirn
                  geschrieben.
Jemand aber flüsterte mir ins Ohr:
Öffne die Augen!

        Aus der Tiefe der Kirche
wisperten wie unter Samt
die Ministrantenglocken,
und die Treppe zum Portal war leer.

## Neue Schloßstiege

Haben Sie schon junge Frauen beobachtet,
die Stiegen hinabeilen?

Wie oft bin ich auf dieser Stiege
                         gegangen!
Stieß mich das Leben,
               wohin ich nicht mochte,
flüchtete ich unter Engelsschwingen,
kehrte aber gleich wieder zurück
in den geliebten Trubel.

Wenn Windstille herrschte,
wand sich der Rauch über den Dachfirsten,
als erklimme er einen Rundturm.
                     Ach, Liebe, wirf weg
die kalte Mandorla und komm.
                     Und weine nicht!
Da und dort sind in den Häusern
                     schon die Lichter angegangen.

Rechts stehen die Türme von Strahow.
                 Es sind zwei,
sie ruhen auf den Handflächen des Grüns,
wo ich in Versen
oftmals süßen Unsinn lispelte,
den du mit Küssen bezahltest.
Ziemlich teuer, damals.
Für jeden Vers einen Kuß
und mehr.

Nur der Schwan schwimmt noch
                    über den Fluß
und zaust sein nasses Gefieder,
          während ich erneut frage:
Haben Sie schon junge Frauen beobachtet,
die Stiegen hinabeilen?


Ab und zu begegnete ich auf dieser Stiege
zwei schweigsamen Schwestern.
                    Welchem Orden sie angehörten,
wußte ich nicht. Die Jüngere
hatte in ihren Augen lange Nähte aus Wimpern
und ein Bröckchen aus Lächeln,
          beides wohl von Kindheit her.


Ein Kamerad erzählte mir,
junge Nonnen müßten auf der Brust
zwei Holzscheiben tragen,
mit Riemen festgezurrt bis ins Blut.


Die Striemen auf dem Körper entsetzten mich.
          Sie war noch so jung!
Wen, außer vielleicht den Spiegel,
verlangt es nach solcher Schönheit?

Einmal kam sie allein
und rannte, dennoch den Rock nur
            bis über die Knöchel hebend,
wie um die Wette,
bis sie unten um die Ecke verschwunden war.
Ich schloß die Augen, damit mir
                nicht zu schnell
ihr liebliches Bild entschwand:
            Ich muß gestehen,
das, was ich über die gehört hatte,
                    war Klatsch!

Plötzlich erschien alles freundlicher,
wenn Sie so wollen, auch das Gitter
            mit dem Stück Schnur daran,
und die Stadt, die weit hingestreute.
            Das Nationaltheater
stand wie eine vergoldete Harfe da,
und die Möwen berührten mit den Flügeln
deren Saiten.

# Salweidenrute

Vielleicht hatten auch Sie diese Namen,
gesponnen aus Strahlen,
gerufen und sich niemandem anvertraut,
außer dem Zipfel des Kopfkissens:
                      Jean Harlow,
Norma Shearer, Katherine Hepburn
und alle die anderen,
die uns anlächelten
            von den Plakaten auf den Straßen.

Entfernte sich der Kleber,
                    eilte ich zu ihnen,
über deren Wangen noch herabrannen
die Stärketropfen.
Nach kurzer Zeit aber schieden sie
                    – wohin nur?
Schien mir doch, sie hätten eben erst noch
                        gewunken,
zum Gruße wenigstens,
und hätten hinabgeworfen von der Brücke
            eine kleine Salweidenrute.
Keine kehrte zurück.

So auch schieden Constance Bennet,
Carole Lombard und die zerbrechliche Annabella.
Manchmal wird ein Frauengesicht von Fältchen
mehr verhüllt als vom Schleier.

Nur die babylonischen Ketten
waren wohl schwerer als die Einsamkeit
              in jenen Jahren,
da wir die Jugend zu verlieren begannen.
Jedenfalls die erste, die machtlose,
von deren Schönheit wir damals
              nicht das geringste ahnten.


Einmal dann: Sie huschte an mir vorbei.
Als ich stehen blieb,
       strich sie nur ein wenig verlegen
das Haar aus der Stirn.
Sie war schlank wie Ala Nazimowa,
und nicht einmal Lilian Harvey
              hatte einen so zarten Mund.
Und gar ihre Hände ...

              Genug, genug davon, mache Schluß!

Nur ein paar Wörtchen noch.
Ich spürte ihren Atem an der Schläfe,
sie jedoch preßte die Knie so zusammen,
    daß keine Erbse hindurchgefallen wäre,
ja nicht einmal ein Mohnkorn.
              Wie bei den Pharaonenstatuen
am Tempeltor von Abu Simbel.

## Botanischer Garten

Vor der beschlagenen Glaswand
                         des Gewächshauses
blieb ich wie angewurzelt stehen:
           Das Gewächshaus war verschlossen,
aber darin, unter den großen Blättern,
               die sich weich hingelegt hatten
wie lebende Fächer,
            Blatt an Blatt und ringsum,
gewahrte ich ein Mädchengesicht.
Die Finsternis hat keine schwärzere Haut.
Einzig die Zähne leuchteten aus ihrem Gesicht
                auf den Weg des Lächelns.

Ich fragte sie, wer sie sei
             und wie sie hineingelangt sei
in den dämpfigen Dämmer des Gewächshauses
unter die Blätter,
          die sich weich hingelegt hatten,
          Blatt an Blatt und ringsum.
Sie sah mich an,
das Weiß ihrer Augen schimmerte golden,
und unter ihrem Hals schlängelte sich
                eine silberne Kette.

Sicher hörte sie mich nicht,
                ich klopfte mit dem Knöchel an.
Sie stand langsam auf
und wischte mit der Handfläche,
                        die hellrosa war,
das schwitzende Glas ab.
Nie war ich wacher
              als in diesem Augenblick.
Nur Schläfer, die nachts über kämpfen
mit den stummen Trugbildern,
            versuchen morgens vergeblich,
wenn der Traum eilends zurückweicht
in die schwarzen Räume der Nacht,
                der vergehenden,
sie zurückzuholen
vor die schlaftrunkenen Wimpern.

Rasch beugte ich mich über die Hand,
                      war ich doch wach.
Aber hinter dem Glas befand sich niemand.

# Reise nach Venedig

Vielleicht kann man es so sagen:
Die Liebe geht und geht und geht,
              es gibt keinen Winkel,
in dem sie nicht daheim wäre.
Und die Küsse werden länger
wie die Tage im Frühjahr.

Darum erwachten wir einmal
erst in der Liebesstille des Bildes,
auf dem nur zwei rosa Säulen waren
und ein Stückchen Meer.
Dann, als wir uns umsahen,
war es überall menschenvoll,
während wir mit dem Dampfer zum Bahnhof
              und zurück, am Ca' d'Oro vorbei,
zur lieblichen Piazetta fuhren.

Die Paläste waren ins Meer gesteckt
wie alte Kämme
        mit Perlen und Resten von Gold,
aber die Lagunen waren voll Schlamm und Kot.
Und der Gondoliere fischte,
              häßlich lachend,
vor uns mit dem Ruder heraus,
was die Liebesschläfer offensichtlich
morgens aus dem Fenster werfen,
weil sie drinnen keine Öfen haben.

Du hattest deine Finger sofort heftig
meiner Hand entrissen!
               Gib sie mir wieder!
Es wäre sonst traurig in der schönen Stadt,
die man so schwer verläßt.
               Und im Handumdrehen
erklang von dem Platz vor uns einschmeichelnd
süße Musik.

## Unter dem Kristallüster

Wozu sollten Frauen noch wegfächern
                        die Wangenröte
nach schnellem Tanz?
                        Längst tun sie es nicht mehr.
Der Fächer ist tot.
                    Lächerlich jedoch nicht.
Lächerlich sind Schnürschuhe
          und trittbeschmutzte Schleppen,
von den Tänzerinnen über den Arm geworfen,
nur so hoch, daß man nicht mehr sah
als den Knöchel.

Zerschossen wurde der Fächer
                von schwerer Artillerie
                          in beiden Kriegen.
Im ersten,
        als die Deutschen
                Festungen schleiften
und vor Paris standen,
im zweiten,
        als Stalingrad belagert wurde,
als Coventry zerbombt,
Warschau vernichtet und Dresden verbrannt war.

Was tun mit dem lieblichen Spielzeug,
das flüsternde Lippen und Schamröte verbarg?
Es taugt zu nichts mehr.
Fächern, die auf Schubladenböden überlebten,
gestehe ich das Recht zu,
                still zu zerfallen.

Schluß damit, meine Teure,
eine neue Zeit ist angebrochen,
            alles ist anders,
die Welt, der Tanz und auch die Liebe.
Ich werde immer zu den Frauen halten.
            Aber was sollen Männer tun,
die heute noch von der Liebe gequält,
der Sehnsucht gepeinigt und der Ungeduld·
            zittern gemacht sein wollen?
Die glücklich sind,
            wenn sie unter einem Balkon
                        seufzen können,
bis Giorgiones schlafende Venus erwacht
und zögernd die Hand hebt?
Gibt es solche Männer noch?
            Vermutlich ja.


Siehe, man rüstet schon zum Tanz,
und ich blicke über die Mauer der Zeit.
Dies Spiel wird heute anders gespielt.

## Vor dem Matthias-Tor

Die Knie am Kinn, saß ich
        auf der Stiege unter dem Burggitter
und schaute zu, wie die Riesen kämpften.
Der eine mit der Keule, der andere mit dem Dolch.
                Zeit hatte ich genug,
ich wartete ab, wie der Kampf enden würde.


Der Krieg wich damals schon zurück,
mir knurrte oft der Magen.
                   Hunger herrschte.
Doch was geht so was den Himmel an,
wenn Frühjahr ist?
        Die Tauberiche auf den Simsen
trippelten lächerlich gurrend
             um die Tauben herum,
und lauer Regen, bläulicher, rosiger,
fiel auf Prag.


Neben der Standseilbahn, im Grase,
lächelten Veilchen den Schuhen zu,
obwohl diese Schuhe sie traten,
und der Wagen, zwischen den Blüten fahrend,
              tauchte unter das Dach,
wo die Klingel rasselte.

Im selben Augenblick traf mich
der altertümliche Brunnen
             mit einem Wasserspritzer
wie jene stillende Frau
             mit einem Milchspritzer,
die merkte,
       daß ich liebevoll
nicht nur das Kindergesichtchen ansah.
Übrigens öffnete frauliche Schönheit
sogar Homer die blinden Augen,
aber da war er schon alt.

Dann wartete ich nur noch geduldig.
Bis die Keule niedersausen und der Schädel
                          krachen würde,
bis der Wind den Kardinalshut
             vom Palaisportal reißen
und ins Gras fliegen lassen würde,
wo der Schmetterling saß,
bis die Taube ihre Flügel herabhängen lassen,
der Regen fallen, der Himmel wieder trocknen
und jemand meinen zögernden Schritt
mit seinem Lächeln begleiten würde.

Dies ist die ganze Geschichte.
                  Sie ist nicht tröstlich.
Immerhin wird darin nicht gemordet.
Jedenfalls nicht allzusehr.
             Ich warte ja noch.
Denn auch der Dolch, von der Hand
                   in die Höhe gehalten,
hat sich bislang nicht
             zwischen die Rippen gesenkt,
wohin er zielt.

# Die Prager Burg

Lauf, renne, geh es dir anschaun,
hieß es daheim. Christus im Himmel!
Durch die Straßen wankten ältere Soldaten,
hungrige Pferde zogen Geschütze.
Keiner mochte mehr, die Kriegslust war abgeebbt,
vergebens spielte die Kapelle.
Frauen winkten aus den Fenstern.
Manche waren spärlich bekleidet,
und ich stellte mir irgendwie so
ein Liebesgedicht vor.

Der blutjungen Nachbarin von nebenan
hatte man im Graben den Mann erschlagen.
War wenige Tage nach der Hochzeit eingerückt.
Sie schluchzte, wo immer sie auch ging,
und fluchte schrecklich dem Kaiser.
Manchmal strich sie mir übers Haar,
nannte mich einen braven Jungen.

Aber ich war es nicht. Unter der Bluse
erriet ich ein wonniges Wogen,
und von Zeit zu Zeit schaute ich verträumt
auf den Schlitz ihres Rockes.
Dann starb der Kaiser,
und sein Reich wurde vernichtet.

Schwarz und Gelb, Pech und Schwefel,
diese zwei Farben, recht schäbig schon,
verfluchten wir hundertmal. Noch aber wehten sie.
Wehten bis zum Augenblick, da am Denkmal
des Fürsten ein zufälliges Häuflein lossang
und weiter sang, als flösse Wein
aus dem Brunnen unter dem Museum.

Der Junge auf dem Sockel des Denkmals,
der war ich,
und gleich auch stürmte ich mit den anderen
zur Prager Burg hinauf,
wo die Leere wohnte, bewacht
von den Spinnenbeinen der Stille.
Und rotweiße Fahnen
schwebten von den Dächern der Umgebung
wie widerspenstige Engel,
die rücklings vom Himmel fielen.

Die Monarchie begann zu zerfallen.
Das ganze Volk lehnte sich auf,
neunzigtausend Legionäre
und die unglückliche, ungeküßte
Nachbarin von nebenan.
Zum Schluß auch ich, ein bißchen wenigstens
mit diesem Lied.

Daheim legte man mir ans Herz: Vergiß nicht
alle diese Augenblicke! Wie könnte ich.
Noch heute denke ich daran.
Damals hatte ich mich gar verliebt,
zum erstenmal im Leben.

Was habe ich zusammengesehnt,
die Ellenbogen auf der Burgrampenmauer.
Wer hätte es mir damals geben können,
das deutliche Zeichen,
das ich so ungeduldig erwartete?
Plötzlich erhielt ich es von Mädchenaugen.
Sie leuchteten mir entgegen,
und seither stolpere ich verwirrt über alles,
was glänzt.

Spürt man auf der Zunge erstmals
den Geschmack von Mädchenhaut, und beflügelt
schwindelerregendes Sehnen scheue Sinnlichkeit,
dann ist das Leben nahe, und weil du jung bist,
erscheint es dir leicht.
Jene, die ihre Hand dir unter die Achsel schob,
führte dich, ohne daß sie es wußte,
in Gefilde, die sie nicht erahnte.

Seinerzeit liebten wir Frankreich,
doch es verriet uns.
An ein Fenster, das in die Gärten blickte,
trat Hitler und befahl Prag
mit einem Grinsen, niederzuknien.
Prag war alt genug, um zu wissen,
daß kein Pfauen-und-Schwanen-Spiel bevorstand.
Nein, kein Schwanen-und-Pfauen-Spiel,
ich möchte den Schwänen den Vorzug geben.

Ängstlich lief ich über die Brücke.
An ihren Pfeilern leckten leise
die Wellenzungen.
Die Burg war drapiert mit grauen Dämpfen
und gebrochenen Rosen.
Das Firmament hielt sie in den Armen.
Auch die Schießscharten der Türme ringsum
wollten sie schützen vor den Angriffen
unsichtbarer Sterne.
Aber niemand erteilte den Befehl.

Einzig die Türme von Sankt Veit, alle drei,
bohrten Löcher in den Himmel,
und leise wrangen die Hände Kadenzen
aus den silbernen Pfeifen.

Du, der du dich niederließest am Weltenanfang
so überaus hoch, in unkontrollierbaren Höhen,
wohin unser Blick nicht reicht,
sieh dir an, wie man uns
die Grenzsteine umstürzt
und wie man uns um Land bestiehlt.
Sieh nur, wie an ihren Hüften
die hämischen Trommeln schaukeln,
wie ihre Fackeln über die Burghöfe irren
und die brennenden Borsten der Nacht
hoch in die Luft fliegen.
Schon binden sie in den Ställen die Pferde los,
um ihnen die Schönheit dieser Stadt
auf den Rücken zu laden.

Als das Morden aufhörte
und sie fliehen mußten,
blieb ihnen nicht Zeit, die Burg anzuzünden
und mehr aus ihren goldenen Krallen zu reißen
denn melancholische Perlen,
größer als Taubeneier.

Und wieder waren, nach vielen Jahren,
die Burghöfe voll.
Kopf an Kopf. Und das Frühjahr schnellte
die Säfte in die Zweige,
und die Baumfontänen rauschten von Blüten.
Die Hinteren standen auf Zehenspitzen
und hielten Spiegelchen über die Köpfe,
um besser sehen zu können. So wird es gemacht,
wenn Geschützsalven
den Vögeln die Beinchen wegreißen.

Vielleicht nur so konnte es scheinen,
daß die Erde anderswo durch die Finsternis fliegt,
daß sich die Sternbilder umgruppieren
und daß Rubinregen fällt.
Oder, was wahrscheinlich ist,
daß jemand das Firmament gewendet hat
wie ein Kaninchenfell.

Ich aber wollte in dem Gewühl
ein paar Stammelworte hervorsprudeln.
Damit endlich jemandes Hand die Angst
aus den Menschenaugen fegt, den erwartungsvollen,
denn ich wünschte zu glauben, die Zeit sei gekommen,
in der man dem Mord ins Gesicht sagen kann:
Du bist Mord.

Nichtswürdigkeit, und sei es lorbeerumkränzte,
würde wieder Nichtswürdigkeit sein,
Lüge wieder Lüge, wie gehabt.
Und die Pistole in einer Hand würde
keine unschuldige Tür mehr öffnen.

Doch ich habe zuviel gewollt
in diesem Jahrhundert und in diesem Land,
wo sich der blühende Baum des Wahns
rasch in Sand verwandelt.

Obendrein biß mich noch die Liebe,
und zwar direkt in die Schlagader.
Aber dies gehört nicht hierher, ich weiß.
Und dennoch!

Weil ich Flügel nicht mehr zu tragen vermöchte
– übrigens, was denn für Flügel,
das ist Unsinn –,
will ich unten bei deinen Knien bleiben,
und erhebe ich mich, dann nur in die Höhe
deiner lächelnden Augen.
So irgendwie habe ich sie mir vorgestellt,
die Anziehungskraft der Erde.

Auf der Burgstiege schob sich mir unter die Achsel
eine strahlende Hand.
Gehörte sie dir oder der Hoffnung?
Komm, mein Lieber, komm! Und so stolperte ich
bis zu dem offenen Tor.

*Juli 1968*

# Die Äolsharfe
*Für Laco Novomeský*

Auf dem Villendach tönte lange Jahre
                        die Äolsharfe.
An Tagen der Freude und Tagen des Grams,
während des Kriegs, an Tagen des Todes,
an Tagen des Weinens, an Tagen des Schmerzes,
sogar wenn es regnete
                        und ein Gewitter am Himmel
Blitz um Blitz anriß.

Wir waren noch Jungen,
tummelten uns im Gras der nahen Parzelle
und horchten,
                        wie der Wind spielte.

Dann bombardierten Matrosen der Aurora
                              das Winterpalais,
und in die Villa zog ein
Wladimir Alexandrowitsch Antonow Owsejenko,
der mit dem Säbel in der einen Hand
                        und dem Revolver in der anderen
das Winterpalais an der Spitze des Volkes
                            erobert hatte.
Er wurde hingerichtet.

Aber noch heute sehe ich ihn vor mir:
Er stand oft lächelnd vor Lenins Büste,
während Lenins kluge Augen
blinzelnd über seinen Kopf hinwegschauten
                              durchs Fenster
auf das Panorama Prags,
              vom Bahnhofsqualm verhüllt.


Eines Frühjahrs riß der Wind die Harfe
ins Gesträuch des Gartens,
                wo das Blau der Veilchen war.
Auf dem Erdboden glich sie einer zertretenen
                                Laterne,
wie sie abends auf dem Lande benutzt wurde,
wenn man in den Stall ging.
              Jetzt taugte sie nur noch zum Weinen.


Er war ein undankbarer Musiker,
              der Wind!
Er hatte sein altes Instrument zerschlagen,
auf dem er so lange gespielt,
und war davongeflogen.

# In der Bertramka

Gab es je ein Paradies,
            so nicht auf diesem Planeten.
Die Erde dreht sich um ihre Achse,
auf daß sich ewig abspule die Zeit
aller menschlichen Plagen.

Ein Paradies jedoch gab es.
            Offenbar auf einem der Sterne.
Wer kann genau bestimmen,
wo die himmlischen Gärten sind?

Existierte aber ein Paradies Schönheit,
können wir uns diese nicht vorstellen,
ohne daß sie uns ständig unsere Welt erinnerte.
Die Reize der Frauen,
            den Duft der Blumen,
die Freude der Kinder
            und die Farben
                      der Schmetterlingsflügel.

Ist dort auch ein Firmament,
            so gibt es darunter keinen Platz
                    für den Schmerz.
Die Menschen weinen dort nicht,
und Tränen sind seltener dort
als Perlen in unseren Flüssen.

Von dorther ist er gekommen.

Und begann er zu spielen,
und hüpfte ihm der Zopf auf dem Rücken,
rauschten sogar die Muscheln nicht mehr,
stellten ihre entzückenden Öhrchen.
Warum nur schlossen sie damals die Tür nicht
und spannten die Pferde nicht aus der Kutsche!
So früh ist er gegangen.
   Und ist durch die Pforte
       aus schwarzer Erde
zurückgekehrt, woher er gekommen.

Geblieben von ihm sind nur die armselige Locke
       und jenes Etwas,
welches das Leben schöner macht,
als es gewesen.

# Lustschloß Stern

Es war wieder Frühling.
           Unter dem Drahtzaun hindurch
liefen Küken ins Gras,
und Kinder fingen sie mit der Hand ein.
Aber auch Kinderhand kann hart sein.

Hinter der langen Mauer, über den Baumwipfeln
sehen wir aus einem Fenster das Sterndach
                      des Lustschlosses.
Dort und ringsum war einst das Schlachtfeld.
Ihr wißt es selbst!
                Wo wäre noch keines gewesen?
Überall an den Wegen und in den Gräben
hatten die Gefallenen gelegen.

Unter dem Weißen Berg ist heute ein Tankodrom,
dort üben Soldaten
und ab und an schnaubt ein Panzermotor.
Arme Rebhuhnnester.
                Armseliges Gras,
was alles hat es zu tragen auf seinen Halmen.

Wen aber bitten
           und wen beschwören
und wen mit der Faust zwingen?
Die Wolken? Den Himmel? Den Wind? Die Sterne?
Oder nur die Menschen?

Hebt das Leben wie Kinder von der Erde ab,
soll sie das nicht schmerzen.
Es liegt sich schlecht, wenn man unterm Kopf
Schotter und Disteln hat.

## Der Fotograf Josef Sudek

Einen Frühling schien dieses Jahr
                      nicht zu haben.
Sturm zog die Turmuhren auf,
und der Schnee brauste.
                      Es war Ende März.

Die Apostel an der astronomischen Uhr
                      nickten mit den Köpfen:
Was für eine Zeit! Was für eine Zeit!
                      Zwölfmal hintereinander.
Der Fotograf Sudek jedoch
barg sein unrasiertes Gesicht
                      im knautschigen Cloth
und sagte zu sich: Was für eine Schönheit!
Er liebte Bäume kahl,
                ohne Laub, ohne Blüten,
wenngleich es ihn an die Finger fror.
Ich hetzte die Windröschen auf ihn.

Zuerst klatschten Tauben in den Lüften,
ein Fenster flog auf,
                      das Gras schluchzte,
das Wasser bäumte sich auf, eine Glocke
                      begann zu läuten
wie bei Feuer.

Und Sudek schloß sich enttäuscht
in der Dunkelkammer ein.

Während er in eine Schüssel
           Salzsäure tat,
die von Dämpfen des Chlorwasserstoffs
           scharf roch und rauchte,
dufteten die Bäume süß.

Und während Liebesleute, Knie an Knie,
ihren Küssen weiß Gott wohin nachliefen,
schied er ab die weißen Kristalle
           des Sublimats,
die todgiftig sind.

Schließlich schulterte er doch wieder
sein schweres, altertümliches Stativ.
Wer Prag liebt,
           kann nicht anders,
es ist ein bißchen wie Verdammtsein.

Mag er sich beeilen,
auch ich werde mit der Stadt bis zum Tod
           nicht fertig sein,
und das Leben läuft.

Sie ist erhaben wie die Musik
           eines Ludwig van Beethoven.
Sie benimmt dir den Atem,
und obwohl dir nur die Luft wehrt,
stehst du reglos.

Sie ist lieblich wie Smetanas Lied,
und ovale Mädchenarme
           kreisen vor deinen Augen.

Freilich, kommt der Frühling,
der erste weiße und dann der rosige,
ist er wie ein Menuett des Herrn Mozart.

Auf frischen Kränzen ruht die Prager Burg,
und die Kathedrale Sankt Veit zielt
                           in den Himmel,
in den sie gehört.

# Café Slavia

Durch die Geheimtür vom Moldaukai,
die aus durchsichtigem Glas war,
so daß sie fast unsichtbar blieb,
                und deren Angeln
mit Rosenöl geschmiert waren,
kam manchmal Guillaume Apollinaire.

Sein Kopf war verbunden,
                noch vom Krieg her.
Er setzte sich zu uns
                und las brutal schöne Verse,
die Karel Teige sofort übersetzte.

Zu Ehren des Dichters
                      tranken wir Absinth.
Der ist grüner
            als alles Grün,
und blickten wir vom Tisch durchs Fenster,
floß unter dem Kai die Seine.
            Ach ja, die Seine!
Und unweit stand breitbeinig
der Eiffelturm.

Einmal kam Nezval mit steifem Hut.
Wir ahnten damals nicht,
                und auch er wußte es nicht,
daß genau den gleichen Apollinaire trug,
als er sich einst verliebte
in die schöne Louise de Coligny-Châtillon,
die er Lou nannte.

# Park in Veltrusy
*Für Josef Palivec*

Als sie eintrat, leicht das Gitter öffnend,
war er verwirrt: Tritt nicht ein!
Ich habe Angst, fürchte mich vor deinen Augen.
Sie lächelte,
             und er bekam vor Glück kaum Luft.
Nach kurzer Zeit sagte sie: Ich gehe fort.
Er bat sie weinend: Geh nicht fort!
             Doch sie ging.


Wer sprach hier von Glück?
             Es gibt kein Glück.
Alle Menschen sind unglücklich,
nur sprechen manche nicht darüber.


Am Eingang steht eine Kutsche.
             Es wird eingespannt.
Und der Dichter reist ab.
Zurück bleiben von ihm nur Ufer und Fluß
und alte Bäume voller Raben.
Dann die angeschlagene Sphinx.
             Doch die weiß rein gar nichts,
schaut immer nur wissend drein.

Einzig das Wasser im Fluß,
                vielleicht auch der Wind
haben ein Gedächtnis.
Und weil sie wiederkehren,
kennen sie vermutlich das Geheimnis,
            wie Trauer verscheucht wird.
Wollten sie es uns nur verraten!
Doch das Wasser fließt hin
            und die Nacht spült
                      die Finsternis darin,
bis die Finsternis rosig wird.
Meine Beine können aber dem Wasser nicht folgen,
können es nicht bis zum Ende anhören.

Da öffnet wieder jemand leicht das Gitter
und tritt ein.
            Tritt nicht ein!
Ich habe Angst, fürchte mich vor deinen Augen.
Doch jene, die eingetreten ist,
                lächelt bereits.

# Eines dieser Frühjahre

Auch Wasser, auch Blüten können bitter werden,
                         wenn Krieg ist.
Auf Häuserverputz stand mit Kalk geschrieben:
Zur Moldau. Ins Freie. Zu den Parkanlagen.
Die Wasserbecken waren voll;
                         einer Laune wegen
waren in einige Goldfische eingesetzt.

Unters Fenster in unser Gärtchen
kamen Rebhühner gelaufen.
                         Sie hatten Hunger.
Einmal kam ein Fasan geflogen
als falle ein Kissen von der Klopfstange.
Sogar ein Hase kam in die Gasse gehoppelt,
obwohl wir doch bis zur Straßenbahn
                         nur ein paar Schritte haben.
Auch die Menschen litten Hunger.
Standen schon frühmorgens im Schnee
vor abweisenden Wellblechjalousien.

Was beginnen mit solch einem Frühjahr?
                         Es hätte gar nicht existieren sollen.
Doch je öfter sich die Sirenen vernehmen ließen,
desto mehr Blüten gab es.

Es glich einer jungen Frau
mit amputierter Brust:
Zieht sie aus der Handtasche einen Spiegel,
so klein wie ihre Handfläche,
sieht sie nur bitter zusammengepreßte Lippen
und feuchte Augen.

# Hauptbahnhof

Ein Liniensoldat der russischen Legionen
                erzählte mir,
daß in Sibirien die Maiglöckchen
bis zwischen die Eisenbahnschwellen wachsen.

Und ich frage mich, warum jedes Frühjahr
bei uns so ein bißchen traurig ist!
Wir schauen dem Wind auf die Fersen,
die Geleise fliehen vor unseren Augen,
                und die Sehnsucht
hat ein Bein auf dem Trittbrett.

Im Frühjahr ist Paris voller Maiglöckchen,
              und aus ihrer Flut
ragen nur die dunklen Silhouetten
                    des Eiffelturms
und der lächelnden Sacré-Cœur hervor.
                    Sacré-Cœur aber
ist ebenso weiß wie die Maiglöckchen.

## Zum goldenen Brunnen

Es scheint leicht, auszuatmen
ein paar hübsche Wörter,
                ihnen Rhythmus zu geben,
sie mit Reimen zu verknüpfen,
auf daß sie nicht mehr vom Papier fliegen
und miteinander im Tanz bleiben.

Schwerer ist es, die Wörter zu flechten
zur Seidenschnur mit den Fingern,
eine Schlinge zu machen und zu werfen.
                So fängt man eine Liebe,
die sich zittriger Hand entwand
und floh, weil sie jung war.
Und um sie nachher zärtlich zu fesseln
an seinen Atem.

Ich kannte einen Dichter, der,
                obschon alt,
dies konnte.
                Es ist nicht leicht,
kommen doch Augenblicke, die nicht süß sind.

Manchmal saß ich mit ihm
an diesem Tischchen.
                      Der Abend senkte sich,
die Stadt unter uns wurde stiller
und ließ sich vom Licht ihrer Lampen
              in den Schlaf lullen,
während die Liebespaare herumstanden,
wo es ein bißchen dämmerig war,
weil sie ihre Geheimnisse haben,
                          die jeder kennt.

Eitel verhüllst du, Liebe, dein Antlitz.
                Heute weiß ich bereits,
warum er damals so oft verstummte
und dreimal vergeblich seine Pfeife anzündete,
die leer war.

# Regentropfen

So kamen wir manchmal zusammen,
              lang ist es her,
Toman, Hora und ich.
Dankten der alten Rebe
für ein bißchen Saft. Und der Himmel
war freundlich auch zu den Dichtern.


Uns schenkte jene Hand ein, die wir kennen
aus olympischen Liedern,
                aus Rubens' Pinsel,
wonnig gerundet, weich zum Abküssen.
Das war alles.
        Wenn sie bloß nichts verschüttete!
Schade um jeden Tropfen,
ob auf dem Tisch, ob am Kannenschnabel
oder an dieser Hand.


Abends waren die Häuser manchmal rot.
Gegen Westen hin.
Damals fuhren noch Fiaker.
        Dann ergrauten die Häuser,
wurden nachts gespenstisch schwarz.
Morgens wurden sie wieder rosarot,
und der Turm, völlig nackt, vertrieb eilends
die verschlafenen Tauben.

Durchs alte Tor in den düsteren Wällen
gehe ich heute zu ihnen,
        bis hinauf,
von wo bei uns in Břevnov
der Retranslationsturm zu sehen ist,
bei dem einst Toman spazierenging,
        wenn die Heckenrosen blühten.
Ich setze mich zu ihnen
        auf die kühle Treppe,
und wir sind wieder wie einst.
    Eben beginnt es zu tröpfeln,
vielleicht war der Himmel damals unglücklich.

Sobald Tropfen die Kerzenränder trafen,
die weich und heiß sind,
        wehrten sich die Flämmchen zornig.
Doch was vermochten sie gegen den Regen?

Und die Dichter?
        Was vermögen Dichter,
wenn die ganze Welt weint!

## Last des Lehms

Wie der Baum seine Krone wiederholt
in der Krone seines Wurzelwerks
        dort unter dem Lehm,
wo es noch lange lebt,
nachdem der Baum gefällt ward,

verbleibt auch den Menschen vielleicht
nach dem Tode ein wenig Leben
        dort unter der Erde,
auf der sie gestanden
      mit ausgebreiteten Armen.
Über diese Nacht jedoch wissen wir nichts,
           es sei denn,
daß die Farben, die von dort emporsteigen
in die Blütenblättchen der Blumen
          alle schwarz sind,
und daß unten das Wasser
        die Augen geschlossen hält.

Nicht zu glauben,
daß die Toten noch einmal aufstehen
und unter der Last des Lebens spazierengehen.
          Aber wenn doch!

Gehe ich einmal dahin, gebt mir einen Stock,
sonst nichts.
                Am besten einen weißen.
Dort herrscht überall Finsternis,
wie nur die Blinden sie kennen,
und ich will versuchen,
euch wenigstens durch das Gras mitzuteilen,
wie der Tod aussieht,
                jene Sekunde,
auf die wir unser Leben lang warten.

Einmal legte ich das Ohr auf die Erde
und vernahm Weinen.
Wahrscheinlich weinte nur das Wasser,
das im Brunnenring eingefangene,
weil es nicht zu den Menschen mochte.

## Insel Kampa

Klopft jemand an und du sagst »Herein«,
wird es der Briefträger sein
           mit meinem Schreiben,
daß ich wieder einmal
              bei dir sitzen möchte,
an deinem Tisch.

Du öffnest das Fenster, knapp über dem Wasser
– den Fluß haben wir gern, nicht wahr –,
und die alte Brücke überwölbt uns schweigend.
Auf der glatten Tischdecke mit den weißen Fransen
                      steht eine Lampe.
Nur der Altstädter Brückenturm schaut nach,
wer denn zu dir kam.

In blaue Stürme fliegen langhalsig
die Trigen von Schnirch.
Sonntage waren es, schöne Tage,
und auf den schwimmenden Eisschollen
            drang der Frühling in die Stadt,
während ich im Geiste mir schnell
Worte der Zärtlichkeit zurechtlegte,
            auf denen die Liebe emporsteigt.

Steht doch, wo am Kai das Geländer endet,
eine Mühle und darüber ein Turm.
                Und der lächelte damals.
Auch die jungen Frauen lächelten nur
und eilten weiter, wenn ich mich umschaute.
Nun, sie lächeln über alles in der Welt.

Schließe das Fenster, vom Fluß kommt Kälte,
und zünde die Lampe an.
                So wurde Licht gemacht damals
in unserer Kindheit.
Der Tisch erstrahlte, aber in den Ecken
                war es düster.
Die Lampe war der Leuchtturm des Zuhause.
                        Gute Nacht.

Jetzt bitte leuchte mir,
am Ende des Ganges ist es schon finster.

# Schnabelflöte

Es war die Zeit, da bei uns Veilchen
                verkauft werden.
Die Gassen kauerten sich noch zusammen
                nach dem langen Winter,
und die Mädchen
blickten von der Seite
                in die Auslagenscheiben.

Aber sie erblickten nur sich selbst,
die Rundung ihrer ungeduldigen Schönheit,
die ein Stückchen vor ihnen hineilte,
damit sie ihr ständig folgen mußte
wie ein Hundeführer,
der starke Hunde an der Leine hat.

Es war schwer, an etwas anderes zu denken.
Und weil ich schon alt war
                und das Wasserwehr besänftigend
die Flüchtigkeit des Augenblicks spann,
floh ich in jenen rauchigen Garten,
wo alle Blüten grau sind
                und ihre glühenden Dochte qualmen,
wo man sich durchs Gesträuch zwängen kann
                und das Laub nicht raschelt
und die Stille glitzert,
bis der Abend anbricht.
Mich aber überkam Verzweiflung,
und ich öffnete das Fenster.

Ich weiß nicht, wie es G. F. Händel gemacht hat
in seiner Sonate F-Dur
           für Schnabelflöte und Cembalo.
Seine Flöte spricht die Menschensprache.
Zwar unabdingbar,
           aber so liebevoll,
daß sie gut zu verstehen ist.

Ich jedoch möchte die Wörter so sagen,
daß sie wie eine einzige Kantilene klingen
gleich der Schnabelflöte.
Manchmal verlangt es mich nach Musikmachen,
           aber ich kann es nicht mehr.
Obschon ich das ganze Leben versucht habe,
die Liebe in durchsichtige Töne zu kleiden,
damit nichts verdeckt sei.
           Doch jetzt schweige ich.

# Kuppel der Sternwarte

Was bleibt den Menschen heute übrig,
als schnell Raumanzüge anzulegen
mit stählernen Helmen,
           die Plexiglasvisiere runterzuklappen
und sich in sonderbare Schiffe
ohne Masten, ohne Segel zu stürzen
und Hals über Kopf in die Weiten des Alls
           zu steuern.
Nur so vermögen sie noch zu berühren
die Oberfläche der Sterne.

Ich weiß, was ihr mir sagen wollt,
ich weiß es gut.

Doch als wir noch Kinder waren
und jemand uns umfangen hielt,
sah alles so hübsch aus
           durch die weit geöffnete Tür.
Windeln wurden draußen getrocknet,
           und die Schafe an der Schwelle,
die Böcke, die Muttertiere und die Lämmer,
drängten eines über das andere
und machten lange Hälse.

Das Wasser, um leicht zu sein,
verkleidete sich in flockigen Schnee
und legte sich aufs Dach.
Hätte ein leerer Käfig an der Wand gehangen,
hätte er noch gesungen.

Es war warm vom Atem der Tiere,
auch die Liebe wärmte,
                        und alles duftete,
das Moos, das Heu, das Stroh und das eine:
Muttermilch.
           Ach ja,
sie ist die beste Sache der Welt.

Und über dem Dach, wohin wir greifen konnten,
war ein Stern.

Dann verstummte das Spinnrad,
                 die Spindel ging verloren,
der Stall blieb leer
und der Stern flog davon,
ans andere Ende unserer Galaxis.
Nur vom Firmament fiel dicht
                 heiße Asche.

Ich weiß, was ihr mir sagen wollt,
ich weiß es gut,
doch dort oben ist öde Leere
und Stille zum Wahnsinnigwerden.
           Und dichte, verzweifelte Finsternis.
Und schrecklicher, schwarzer Frost.

# Krankenhaus in Motol

Im Augenblick, da sich das Blut setzt
                wie ein Vogel
nach anstrengendem Flug
und die Sauerstoffbombe ins Leere zischt,
stirbt auch der Schmerz.
                Dies wissen wir sicher.

Im langen Gang,
           der hochsteigt am Hang,
stampft die Leere noch im Takt,
während durchs Fenster schon hereinschauen
                          von außen
die Augen der Bäume, die Augen der Gräser,
die Augen der Vögel, die Augen der Wolken
und die Veilchenaugen von weiß Gott wem,
weil es auf den Frühling zugeht.

Der Tote kommt frühmorgens herein
                unter dem Wachstuch
und fährt, gerüttelt von Strahlen und Licht,
hinauf zum Ende des Ganges,
wo er ausgeliefert wird
dem Vogelgesang.
                Aber die Prosektur ist nahe.

Der armselige Menschenleib
hat derweil alles hinter sich geworfen,
doch unter dem erschlafften Herzen
           hält er versteckt noch
einige Handvoll Wärme,
um ein Weilchen wenigstens kosten zu können
           die Gewißheit des Nichtseins
und die List der Schmerzlosigkeit,
denn diese Empfindungen sind vielleicht
           schwindelerregender
als der Wille zum Sein.
           Dies sind die Minuten der Fahrt,
wenn alles dem Toten nachblickt,
als sei er der Glücklichere
auf den gefederten Rädern der Bahre,
die sich leise wiegt.

Gestehen wir uns doch ein,
           daß nicht einmal dieses Glück
das lange Umherirren aufwiegt,
da der Mensch von der Trauer zum Schmerz,
vom Unglück zur Klage geht
und es Leben nennt.

# Der Regenschirm vom Piccadilly

Die Welt ist mir Lappalie mitsamt dem ganzen All,
außer der Liebe, meine Rose.

*Shakespeare, Sonette*

# Selbstbiographie

Sprach sie einmal über sich,
sagte Mutter:
Mein Leben verlief traurig und still,
ich ging auf Zehenspitzen.
War ich aber mal erbost
und stampfte leicht mit dem Fuß,
klirrten auf dem Geschirrbrett kurz
die Tassen von Mama,
und ich mußte lächeln.

Im Augenblick meiner Geburt
war angeblich ein Schmetterling
                      durchs Fenster geflogen
und auf Mutters Bettbrett gelandet,
aber im gleichen Augenblick auch
hatte ein Hund im Hof gejault.
Mutter hatte darin
ein schlechtes Zeichen gesehen.

Mein Leben ist nicht ruhig verlaufen
wie ihres.
Aber wenn ich ins Heute auch
bang blicke
wie in leere Bilderrahmen
und nur verstaubtes Mauerwerk sehe,
war es doch wunderschön.

Ich kann die vielen Augenblicke
nicht vergessen,
die waren wie leuchtende Blüten
aller möglichen Farben und Schattierungen,
während die duftenden Abende
blauen Trauben glichen,
verborgen im Laub der Finsternis.

Ich las leidenschaftlich Verse
und liebte Musik
und irrte, stets von neuem überrascht,
von Schönem zu Schönem.
Kaum aber hatte ich zum ersten Mal
das Bild einer nackten Frau gesehen,
begann ich an Wunder zu glauben.

Mein Leben verging schnell.
Es war zu kurz
für meine langen Sehnsüchte,
die kein Ende fanden.
Bevor ich mich versah,
war das Lebensende nahe.

Bald wird der Tod meine Tür
    mit dem Fuß aufstoßen
und eintreten.
Vor Schreck und Entsetzen werde ich
    im selben Augenblick
den Atem anhalten
und das Luftholen vergessen.

Hoffentlich habe ich dann
rechtzeitig noch die Hände der einen
heiß geküßt, die geduldig mit mir
ging und ging und ging,
die am meisten liebte.

# Stille voll Schellenklang

Wie bald es dunkel wird,
seufzte die Mutter,
zünde die Lampe an!
Die Flamme, anfangs qualmte sie,
beleuchtete rund um den Lampenschirm
das Rauchwölkchen aus Vaters Pfeife.
Rauchen in der Dunkelheit
        schmeckt Rauchern nicht.
Wir begannen zu plaudern
über dies und das.
Es schneite die ganze Nacht.

In Prag konnte man immer noch
altertümliche Pferdeschlitten sehen.
Es gab nicht mehr viele.
Sie beförderten Ruhe
voll zarter Schellen
irgendwo aus vergangenen Jahrhunderten.

Wie angenehm wäre es,
sich in die weichen Decken zu kuscheln.
Ich würde deine Hände drücken
und den Arm um deine Schultern legen.
Dein Atem würde haften bleiben
an dem Grannenhaar des Pelzwerks
als silberner Hochzeitsreif.

Als wir zum Aussichtsturm
        auf dem Laurenziberg gingen,
an zugewehten Bänken vorbei,
pfiff es unangenehm,
und bald war uns
        der unverschämte Frost
unter die Nägel gekrochen.

Die Handschühchen würde ich
        in der Tasche stecken lassen.
Du weißt schon!
Mit Gummihandschuhen läßt sich
schon Alltagsgeschirr schlecht halten,
geschweige denn Teetassen
mit der Meißener Rose in der Mitte.
Meißentassen sind glatt
und von so lieblicher Form,
daß sie, nimmt man eine
        zwischen die Finger,
in der Hand zu zittern beginnt.

Zum Glück gibt es noch Stunden,
da man auch winters nicht friert
und an nichts anderes zu denken braucht
als daran,
wonach man sich gerade sehnt.
Und du setzt dich
        auf die verschneite Bank
wie auf duftenden Rasen
mit Büscheln von Gänseblümchen.

Obwohl es damals kalt war
und schneite,
war an deinem Mund schon Frühling,
er bebte leicht, dein Mund
ein Weilchen Zärtlichkeit,
ein Weilchen verlegenes Rosa,
ein Weilchen Angst
und Gott weiß was noch.


Ach, alles, was lebt
und heftig erblüht,
dauert nur kurze Zeit.
Während die Jahre unter einem
                    entzweibrechen
wie Sprossen einer Obstbaumleiter,
auf der man emporsteigt.
Ist die letzte Sprosse erreicht,
pflückt man den letzten Apfel
und bricht sich das Genick.


Wohin warst du verschwunden
nach den paar Jahren?
Die Zeit liebt ewige Lieben nicht.
Vielleicht haben wir
          einander einmal irgendwo
mit dem Blick gestreift.
Aber ich war gealtert,
und du erkanntest mich nicht.

Vielleicht sind wir einander begegnet,
schauten aber beide verlegen
zur Seite,
als hätten wir einer den anderen
nie im Leben gesehen.
Auch solches kommt vor.

So begegneten einander
               von Zeit zu Zeit
auch Herr Neruda
und Frau Karolína Světlá
auf dem Karlsplatz.
Herr Neruda lüftete den Hut nicht,
und Frau Karolína Světlá
blickte zu Boden.

# Eisvogeljagd

Wie oft schon fielen mir Verse ein
an einer Straßenkreuzung,
während die Ampel auf Rot stand!
    Warum denn nicht!
Verlieben sogar kann man sich
während dieser kurzen Zeit.

Aber bevor ich die Straße überquert
und den anderen Gehsteig erreicht hatte,
waren die Verse vergessen.
Früher schüttelte ich sie noch
aus dem Ärmel.
An das Lächeln jedoch
der einen, die vor mir ging,
erinnere ich mich bis heute.

Unter der Eisenbahnbrücke von Kralupy
kletterte ich als Junge oftmals
in die Krone einer ausgehöhlten Weide,
im Rutenbestand dann über dem Fluß
sinnierte ich und träumte
von meinen ersten Versen.

Um nicht zu lügen, ich sinnierte auch
und träumte
von der Liebe, von den Frauen
und beobachtete, wie im Wasser
losgerissenes Schilf vorüberschwamm.

Ostern stand vor der Tür,
die Luft war voll Frühlingszauber.
Auch einen Eisvogel erblickte ich
auf einer federnden Rute.

Mein ganzes Leben lang
entdeckte ich keinen mehr,
dennoch bewahrte mein Auge die Sehnsucht
nach der kleinen Schönheit.

Damals duftete scharf der Fluß
nach einem bittersüßen Rauch,
so duftet langes Frauenhaar,
wenn es über die Schulter
den nackten Körper hinabfließt.

Tauchte ich Jahre später
mein Gesicht in dieses Haar,
und öffnete ich die Augen,
konnte ich in der durchsonnten Untiefe
bis auf den Grund der Liebe sehen.

Es gibt im Leben kostbare Augenblicke,
in ihnen finde ich mich wieder
unter der Eisenbahnbrücke von Kralupy.
Alles ist da wie einst,
auch die Weide –
aber das kommt mir nur so vor.

Ostern steht wieder vor der Tür,
die Luft ist voll Frühlingszauber,
und der Fluß duftet.

Tagtäglich lärmen unter meinem Fenster
in aller Frühe schon die Vögel,
singen um die Wette,
übertönen einander,
und die süßen Träume,
die erst gegen Morgen kommen,
verfliegen.

Dies wäre das einzige,
was ich dem Frühling vorzuwerfen hätte.

# Kränzlein am Handgelenk

Auch ich habe einst an Fronleichnam
den Weihrauchduft eingeatmet
und ein Kränzlein Frühlingsblumen
über die Hand gestreift.
Auch ich habe fromm zum Himmel geblickt
und den Glocken zugehört.
Ich hatte geglaubt, dies reiche,
aber es reichte nicht.

Viele Male hat mir der fliehende Frühling
die Wehe aus Blumen
unter dem Fenster mit der Ferse zerwühlt,
und ich begann zu erkennen,
daß eine Blüte voll Duft
und ein von Nacktheit glühender Frauenleib
zwei Dinge sind,
deren Lieblichkeit nicht übertroffen wird
in dieser elenden Welt.
Blüte und Blüte,
zwei Blüten einander so nahe.

Allein das Leben versickerte mir
wie Wasser zwischen den Fingern,
noch bevor ich
meinen Durst hatte stillen können.

Wo sind die Frühlingskränzlein hin?
Heute, da ich schon die Tür
zur Totenkammer knirschen höre,
da mir nur bleibt, an etwas zu glauben,
was zu sehr dem Nichts gleicht,
da in meinen Adern das Blut tost
wie Trommelwirbel im Ohr des Verurteilten,
da mir bloß das Stereotype bleibt
im menschlichen Verfall
und alle Hoffnung so wertlos ist
wie das alte Halsband
vom toten räudigen Hund –
heute schlafe ich nachts gar schlecht.
Darum vernahm ich
jemandes leises Klopfen
an mein angelehntes Fenster.

Es war der Frühling, und es war nur ein Ast
des blühenden Baumes,
so daß meine zwei Gehstöcke,
mit denen ich mich wie ewig
aus einem Tag in den nächsten quäle,
sich für diesmal nicht
in Flügel zu verwandeln brauchten.

# Fingerabdrücke

Manchmal versuche ich mit Gewalt
                     bei der Nacht
angenehme Träume einzutreiben.
Leider meist vergebens.
Zum Glück vergönnt uns das Leben
manchmal Rückkehr gegen den Strom
                     der Zeit,
nicht ohne Schwindelgefühl, mit Wehmut
und einer Träne der Trauer –
Rückkehr bis dorthin,
wohin unser Gedächtnis reicht.

Erinnerungen aber haben weibliche Haut.
Kostest du eine mit der Zungenspitze,
schmeckt sie süß
und duftet aufreizend.
Na, also!

Die Statue der Moldau
               von Wenzel Prachner
in der Wand des Clam-Gallas-Palais
leert ihren Krug,
der Wasserstrahl
ist mit vielen Sternen durchwirkt.
Von Anfang an bezauberte sie
                        meine Augen
durch ihre anmutige Nacktheit.

Lange schweifte mein verwirrter Blick
über ihren Körper,
wußte nicht, wo zuerst innehalten.
Auf ihrem lieblichen Gesicht
oder auf der jungfräulichen Zartheit
ihrer Maiglöckchenbrüste.
Brüste sind oft Krone
all der Schönheiten des Frauenkörpers
auf allen Kontinenten.


Ich war vierzehn,
vielleicht ein Jahr älter,
als ich dort zu stehen pflegte,
                    verlegen,
darauf wartend,
daß sie mir das Gesicht zuwenden
und lächeln würde.


In einem Augenblick, da ich dachte,
mir sehe niemand zu,
bekam ich vom oberen Brunnenrand
ihr Bein zu fassen.
Höher reichte ich nicht.
Das Bein war rauh, aus Sandstein,
es war kalt.
Schnee fiel.
Eine Welle Verlangen schoß
wie ein Elektroschock
in mein Blut.

Wenn die Liebe ein bißchen mehr ist
als bloße Berührung,
und das ist sie,
genügt ihr der Tautropfen,
der vom Blütenblatt
in die Handfläche rinnt.
Heftig dreht sich der Kopf,
als hätten die durstigen Lippen
dickflüssigen Wein genossen.

Im Tor des nahen Clementinums
stand ein Schutzmann.
Während der Wind mit dem Hahnenschwanz
auf seinem Hut spielte,
blickte er ins Rund.

Er hätte mich leicht überführen können.
Auf der Frauenwade
befanden sich gewiß meine Fingerabdrücke.
Vielleicht hatte ich mich schuldig gemacht
eines Verbrechens gegen die Sittlichkeit,
ich weiß es nicht.
In den Gesetzen kenne ich mich nicht aus.
Aber ob so, ob anders, ich war verurteilt
zu Lebenslänglich.

Wenn die Liebe ein Labyrinth ist
voll funkelnder Spiegel,
und das ist sie,
dann hatte ich ihre Schwelle überschritten,
war eingetreten.
Aus dem trügerischen Glitzern der Spiegel
habe ich den Ausweg
bis heute nicht gefunden.

# Novemberregen

Wie wehrlos ist der nächtliche Schläfer!
Überfallen ihn
grausame und unsinnige Träume,
ruft er nach Hilfe im Schlaf.
Wertlose Münzen nur
in löcheriger Hosentasche.

Ich mag die nächtlichen Geschehnisse nicht,
erzählt von der Nacht
als Abenteuer vom Vortag.
Träume rasen aus der Finsternis
                    in Dunkelheiten,
sie scheuen das Tageslicht.
Die Hand hält ihre Zügel nicht,
und es jauchzen nicht die Schellen.
Sie bleiben stumm.

Träume mit halb geschlossenen Augen
verlaufen glücklicher.
Ich kann herbeirufen, wen ich will,
auch jene, die längst gegangen sind
und die ich gemocht habe.
Sie kommen bereitwillig zu mir
und verlängern ihr Leben
um die paar Augenblicke.

Es regnete, November war's,
ich saß im Zug, fuhr zum Friedhof
meiner Toten.
Tropfen zerschellten auf dem Fenster,
das Glas glich einem aufgewühlten
                        Spiegel.
Aus ihm lächelte mich
ein Mädchengesicht an.

»Ich hatte dich beinahe vergessen,
und du lächelst mich dafür noch an?«

– Ich bin längst nicht mehr eifersüchtig
und verschmähe längst alle Hoffnung.
Du siehst mich jung wie einst,
denn ich bin tot, altere nicht.
Ich bin nicht mehr, bin nichts,
kann dir nur süße Erinnerung geben.
Sie glüht wie der Wein im Glas,
macht jedoch nicht mehr trunken.
Du wirst keine Kopfschmerzen haben.

– Weißt du noch?
Ich las nächtelang Verse.
Manchmal trieb mich erst ins Bett
der morgendliche Hahnenschrei.

– Abgelegt habe ich die Scham
und komme dir von selbst entgegen
und knöpfe selbst mein Mieder auf.

– Umarme mich.
Auch Tote brauchen ein wenig Liebe,
wenn sie zu Fuß gehen müssen
bis ans Ende der Ewigkeit.

– Solltest du dich an mich
                    wieder erinnern,
schreibe mir ein paar Verse.
Ich bin neugierig.


Der Zug fuhr in den Bahnhof ein,
das Mädchengesicht verlor sich mir
in den Tropfen am Fenster.
Als ich die Bahnhofshalle verließ,
achtete ich nicht auf den Weg,
und die Leute schubsten mich.
Am nächsten Tag schon
            flüsterte ich ihr die Verse
ins Lockenhaar an der Schläfe.

# Das Grab des Herrn Casanova

In den Jahren, die man durchträumt,
obwohl das Leben kein Traum ist,
in denen wir einfältig glauben,
die Tage seien fürs Lächeln
und die Abende fürs Lieben erschaffen,
sagte ein goldhaariges Mädchen zu mir:

»Leb wohl! Und diesen Strauß
will ich nicht von dir.
Leg ihn jenem Wüstling aufs Grab,
jenem Entehrer der Jungfrauen,
die zu seiner Zeit noch ihr
      heißes Geheimnis
fromm hüteten
im zärtlich verschlossenen Schoß,
jenem Verführer ehrsamer Frauen,
von dem du mir erzählt hast,
ach, so ergreifend erzählt hast.«

Auch ich sagte ihr Lebewohl
und versprach es
mit Handschlag.

Die Gewitter auf meinem Himmel
      haben ausgedonnert,
die Blitze sind verloschen
wie die Kerzen im Kronleuchter
      beim Tanz.

Mein Haar ist weißer
als der Hermelin auf den Mänteln,
in die sich fröstelnd
die Kanonici von Sankt Veit hüllen,
wenn sie winters in ihren Bänken
                      Platz nehmen
zur Abendandacht.

Ich vergaß mein Versprechen nicht,
obschon etliche Jahre
davongaloppiert waren, entschwunden
                      in ihren Kostümen
zu noch älteren Kostümen,
und steuerte eines Tages die Stadt an
in Nordböhmen,
wo die Rosen nach Kohlenqualm riechen
und das, was zwischen den Zähnen
                      knirscht,
weder Salz noch Sand ist,
sondern Kohlenstaub.

Das Mädchen war lange schon tot.
War gestorben, kaum daß sie
				die Liebe kennengelernt,
war blutjung gestorben.
Sie hatte in ihren leuchtenden Haaren
						gelegen
wie eine Heilige,
hatte auf ihren kleinen Brüsten,
diesen zwei umgestülpten Seerosen,
leicht nur angewelkt,
einen halb geöffneten Fächer gehalten,
einen Fächer aus rosa Spinnweben.
Sie war toter
als der abgeschlagene Flügel des Schwans,
den jemand im Königlichen Garten
					getötet hatte.


Herr Giacomo Girolamo Casanova,
Chevalier de Seingalt,
begraben in Dux,
irgendwo nahe der Friedhofsmauer
bei der Kapelle der heiligen Barbara.
Der Friedhof ist aufgelöst,
das Grab dem Erdboden gleichgemacht.


Von all den berühmten Abenteuern
des Herrn Casanova
blieb nur das Grau der langen Reisen,
von all seinen Liebeleien
nur ein Frühlingslüftchen.

Sein Staub aber ist tief versenkt
in der böhmischen Erde,
fern der Stadt Venedig,
die er zutiefst geliebt.

Was der Historie hinzufügen?
Wohl nichts.
Vielleicht eines, nämlich
      daß alles Menschenleben
nur mühseliges, irrendes Suchen ist
nach dem eigenen Grab.

# Berta Soucaret

Als Berta Soucaret,
unbekannte Kreolin von der Insel
 Guadeloupe,
achtzehn war,
wurde sie zur Schönheitskönigin
 gewählt.

Sie war die erste auf der Welt,
und alle Frauen
schauten sogleich in den Spiegel.

Die Wahl fand im belgischen Spa statt,
der Stadt aus Tropfen, Blumen
 und Liedern,
am 18. September 1888.
Eine verstaubte Spieldose,
die ich auf dem Dachboden auskramte,
zeigte in goldenen Ziffern
dieselbe Jahreszahl.
Die Dose spielte ein Liebeslied
von Franz Schubert.

Viele Jahre waren vergangen
seit ihrer Krönung,
und sie hatte auch schon
 den Tod hinter sich,
als ich in ihren Schatten
mich verliebte.
Seitdem suchte ich ihre Schönheit
in den Gesichtern jener,
denen ich entgegeneilte.

Kann denn nicht jede Frau
wenigstens manchmal, wenigstens
            für ein Weilchen,
wenigstens für ein Augenpaar
die schönste Frau der Welt sein?


Die Finger irren über das Firmament
            ihres Körpers
wie die Sterne über den Himmel,
bis ihr ganzer Körper
            zu strahlen beginnt
von einer Flamme, die inwendig brennt.


Mund trinkt aus Mund,
der Durst bleibt ungestillt,
und das Verlangen nach Wonne
            führt beide
zum uralten Ritus.


Was denn Schöneres gewährt das Leben
als eben die Liebe?
Bekränzt mit dem grünen Gezweig
ihrer Irdischkeit,
hat sie es am nächsten zum Himmel,
und sie als einzige vergönnt uns
            die Einsicht,
wie glücklich wir wohl wären,
wenn sie wäre.

Dann wischt die Frau alle Küsse
aus dem glühenden Gesicht
und fährt sich mit beiden Händen
ins wehende Haar,
um den flüchtigen Glanz ihrer Krone
für ein Weilchen noch festzuhalten.


Und es kommt die eine, die andere
nach den vielen Jahren.
Im geblümten Kleid der Erinnerung
raunen sie mit so leisen Worten,
daß ich sie kaum noch verstehe.
Plötzlich verschwinden sie,
eine nach der anderen,
und ich muß sie wieder begraben
in der nächtlichen Finsternis,
begraben in jener Finsternis,
              aus der sie kamen,
und die ist noch schwärzer!
Nun schon ohne Tränen, ohne Fackeln,
und vielleicht für immer.


Es kam auch Berta Soucaret,
die junge Kreolin von der Insel
              Guadeloupe,
wo es nach Vanille duftet.
Sie war die Schönste von allen.
Wahrscheinlich. Ich weiß es
              nicht mehr.

»Gehen Sie nicht so schnell fort,
und glauben Sie mir.
Ich mußte damals Ihrer Schönheit
zu Füßen fallen,
küßte nur noch im Traum
Ihre Beine, denn Sie waren schon tot.«

»Wenn ich mich Ihrer erinnere,
kann ich heute noch
mein altes Herz klopfen hören.«

»Ich werde Erinnerungen, die nicht
                    schön waren,
auch solche, die ohne Liebe waren,
am Wegrand zurücklassen
und den Kondoren ausliefern.«

## Máchas nächtliche Reise nach Prag

»In der Nacht, wahrscheinlich
             von Samstag auf Sonntag,
lief Mácha in Leitmeritz los
             nach Prag.«


Er schritt schnell aus, hielt unter
             der Peitsche der Sehnsucht
den Kopf hoch erhoben:
die Sehnsucht verlieh ihm Vogelschwingen.
Unterwegs bellten ihn Hunde an.
Böse Wolfshunde und elende Köter.
Doch an Hundegebell war er gewöhnt schon
aus Prag.


Er dachte unaufhörlich an Lori.
Sie weinte oft.
Aber er gehörte nicht zu jenen, die sich
durch Frauentränen verwirren ließen.
Jetzt weinte sie mit dem Söhnchen
             auf dem Arm.


Wehmütig liebte er das Kind.
Teilte mit ihm die Liebe seiner Frau
und lächelte,
wenn der Knabe immer wieder
nach ihren Brustwarzen haschte.

Die Liebe leuchtete ihm auf dem Weg.
Die weißen Randsteine an den Straßen
tauchten hinter ihm in die
                schnelle Dunkelheit
gleich den immerneuen Bildern
eines Mädchenkörpers
in unersättlichen Augen.

Mit den Händen und zwischen den Zähnen
versuchte er den Augenblick
                keuchender Leidenschaft
jedesmal festzuhalten,
schließlich senkte er
                den fiebrigen Mund
in das Frauenhaar wie in einen Heiligenschein
und sog den vertrauten Duft
lange mit geblähten Nasenflügeln ein.

Solange er leben würde,
würde er seine Frau
gnadenlos, wenn nötig an den Haaren,
aber stets zu sich und hinter sich
und immer empor ziehen.

Er befahl, er drohte
und bebte dabei vor Liebe,
ballte die Fäuste
und erstickte schier vor Zärtlichkeit.

Würde er jedoch sterben
– auch dies konnte geschehen –,
würde Lori ein Kurzwarengeschäft
                          aufmachen.
Wehe! Es wäre entsetzlich.

Weit vor ihm, am Horizont,
erhob sich der Veitsdom.
Das dürftige Licht der Luna
verriet kaum die Silhouette.
Könige Böhmens, steht ihm bei!
Auch er ist ein König.


Die Blechglocke rasselte,
ein Fenster klirrte,
eine Stimme meldete sich
                      verschlafen.
Zornig rief er: »Öffnet!
Öffnet schnell, ich bin es!«
Gequält atmete er auf.
Die Liebe breitete für ihn
die Arme aus.

# Prager Vedute

Einmal – so heben gewöhnlich
Erzähler alter Histörchen an –
kehrte ich entlang des Flusses heim.
Der Fluß war ruhig und friedlich,
und ich konnte in der Stille
das Wispern der fließenden Zeit
                            vernehmen
auf dem Grunde der Sanduhr.
Je älter ein Mensch ist,
        desto besser hört er
diesen seinen Ton.


Die Häuser spiegelten sich im Wasser
mit den Dächern nach unten,
ihre Konturen vibrierten.
Die Fenster waren nur wasserverglast,
und einzig die Wasserfrau
konnte in dem flimmernden Schattenbild
                        auch leben.

Ich kannte die Wasserfrau,
hatte sie schon als Junge gekannt.
In den zarten Schoß einer jungen Frau,
die schöner war als die Fürstin
                          im Schloß,
hatte sie einen Apfel gelegt.
Kein Maler hätte ihn schöner gemalt.
Unter seiner süßen Schale
waren allerlei Zauber:
Der Zauber der Liebe, der Wonne
                   und der Leidenschaft,
der Zauber der Sehnsucht
und der Zauber des Augenblicks, in dem
                        ein Mensch sich hingibt
dem anderen Menschen, den er liebt.

Der sprechende Vogel im goldenen Käfig
blickte ihr ins überraschte Gesicht
und rief:
        »Da siehst du!«
Das Mädchen aber begann angesichts
                des kostbaren Geschenkes
zu weinen.
Sie meinte, Liebe kenne keine Grenzen
und währe so lange
wie die Sonne oder die Sterne am Himmel,
doch wem auch immer sie begegnete,
keiner hatte den Mut, ihr
mit gleichem zu vergelten.

Einer bescherte ihr Schmerz,
ein anderer Leid
und durchweinte Nächte,
ein dritter nur kühles Nichts.
Immer für ihre zwei Armvoll Liebe.
Der sprechende Vogel im goldenen Käfig
rief, kaum daß er ihr bitteres
                    Klagen gehört,
ins Dunkel:
        »Da siehst du!«
Sie vernahm es, doch es half ihr nicht mehr.

Später, als sie im geliebten Prag
nur noch vegetierte,
krank und bar ihrer Schönheit,
zu dieser Zeit schuf der Maler Morstadt
fleißig seine Veduten
voll Licht, Behaglichkeit und Frieden.

Seht, da begleiten zwei Herren
eine Dame in Rosa.
Was über ihren Köpfen glänzt,
die Prager Burg und der Dom zu St. Veit,
ist die Krone
über den königlichen Schläfen
                    der Stadt Prag.

Auf den ersten Blick könnte es scheinen,
man habe damals glücklich gelebt.
Die Schönheit trügt.
Nicht das Leben verlief so glücklich,
nicht die Türme ragten so hoch,
wie der Maler sie dargestellt.
Allein die Kupferstiche möchten
                          sie uns aufdrängen,
die schöne Lüge.


Es ist länger als hundert Jahre her,
seit man Frau Němcová
aus Leitomischl zurückgebracht.
Sie war krank, todkrank,
lag dem Tod auf der Schippe.
Jemandes Haus hatte die Uhr
ihres Lebens umgedreht.
Der Sand rann zum letztenmal,
ihre Zeit lief ab.


Tränen in den schönen Augen,
hüllte sich Karolína Světlá
in schwarzen Brokat
                    mit Spitzenbesatz.
Wie gut es ihr stand!
Hingerissen war Neruda,
er konnte die Augen nicht
                    von ihr lassen.

Als sich auf der Straße namens Graben
                bei den Drei Linden
der Trauerzug in Bewegung setzte,
blickte noch einmal
der sprechende Vogel im goldenen Käfig
zu ihr, der Toten,
und kaum daß der schwarze Leichenwagen
                angezogen hatte,
rief er zum letztenmal:
                »Da siehst du!«

## Lied der Walfische

Nur ein paar Tage vagabundierte ich
im Süden von Frankreich,
aber noch heute höre ich
                den Wellenschlag
am Felsenufer.

Zum erstenmal gewahrte ich das Meer
von der Plattform eines
                Eisenbahnwagens.
Mir verschlug es den Atem,
ich war vor Staunen
keines Wortes mehr mächtig.

Die Mimosen waren längst abgeblüht,
aber ihr süßlicher Geruch
haftete noch am ausgedörrten Boden.
Als ich in der hohlen Hand
das Meerwasser kostete,
fand ich es nicht so bitter
wie menschliche Tränen.

Wie das?
Ich hatte deine Wange geküßt,
wenn du einmal weintest.

Bislang aber war herrlich gewesen
                        die Zeit,
unsere Lebensbäume hatten
zu blühen begonnen.
Sekunden, Stunden und launige Tage
flogen vor mir her
wie Schmetterlinge,
und mein Kopf glühte.
Nichts quälte mich in diesem Leben
außer der Liebe.


Nun steuerten Teige und ich
                        auf Umwegen
nach Paris.
Dort rauschten die neuen Verse,
und die Farben explodierten,
kaum daß der Pinsel die Leinwand
                        berührte.
In diesen Tagen glaubten wir,
nur in Paris lasse es sich leben,
sonst nirgends.


Eilends streichelte ich mit dem Blick
                        das Meer,
ziemlich undankbar sagten wir
                        den Wellen gute Nacht,
als könnten Wellen je schlafen!
Bis heute mache ich es mir zum Vorwurf,
hundertmal leistete ich Abbitte.

Ich dachte, es gebe größere Geheimnisse
als jene des Meeres.
Paris schien mir voll davon.
Menschenherzen, Rosen oder Geigen
verbergen die ihren, dachte ich,
dieweil der Dichter einen Schlüssel
für alles auf der Welt
                in der Tasche trägt
und das Geheimnis der Liebe kennt.


Ein Weilchen waren wir im Louvre,
ein Weilchen anderswo,
ein paar Minuten im Tanzlokal
                einer Vorstadt,
wo wir Absinth tranken,
und ein Weilchen noch
                auf dem Friedhof.


Danach, eines Tages, war die Jugend
                dahin,
ohne Fanfaren,
ohne Harfenschluchzen,
ohne Weinen,
ohne Triumphbogen auch
war sie dahin.


Auf einmal hatte es unser Leben
                nur noch eilig,
war keinen Pfifferling mehr wert.
Bloß nicht daran denken ...

Halt, lüge nicht und schweige,
erinnere dich!

Bald war ich Paris gram,
im stillen.
Mit dem Tempo amerikanischer Großstädte
verlor es seine kokette Altertümlichkeit,
wurde anders.

Über dem Meer aber steht die Zeit still
wie ein Stern.
Die Wellen schlagen ewig an ihre Felsen,
und würden sich darunter noch
Knüpfers Najaden sonnen,
wüßten sie in hundert Jahren nicht,
was Runzeln sind.

Herr Roger Peyne und seine Frau Katy
lernten die Sprache der Walfische
und nahmen bei Hawaii und den Bermudas
das Singen der Buckelwale auf,
die Seeleute nannten sie
Keporkak.

Die Wale wird es bald nicht mehr geben.
Ihr Lied ist schon Grablied.
Doch nein!
In den Dämmertiefen des Meeres
klingt es noch feierlich.

Vielleicht sollten wir uns dabei erheben,
den Hut abnehmen
und gerade und aufrecht stehen
wie Leuchttürme.

Denn möglicherweise ist es
                    die Hymne des Meeres!
Sie erklingt selten,
dafür seit dem Anfang der Welten.

# Der Zylinder des Herrn Krössing

Es war die Zeit, da unsere Stadt Prag
unter allen Städten Europas
– wie London, Rom und Paris –
arm war zum Weinen.
Was hatte sie außer dem Hradschin?
Eine Schar Tauben auf dem Turm
                      von St. Niklas,
einen Aussichtsturm
und sauere Trauben in der Gröbovka.

Paris hingegen tollte.
Prag mit seinen Geranien
                in den Fenstern
und den bescheidenen Gardinen
aus billigem Madras
war still und lieblich wie die Blüte
der Heckenrose.

Auf dem Moldaukai spazierte gemächlich
ein hoher Zylinder.
Er gehörte Herrn Krössing,
Sänger am Nationaltheater.
Von seltsamer Form,
war er, meine ich, einzigartig in Prag.
Außer vergleichbaren vielleicht
      in der Requisitenkammer
                    des Theaters.

Er erinnerte an die bekannten Zylinder
der Herren Zauberer,
deren flinke Finger
zahllose Seidentücher, meist zerdrückt,
aus der Wandung zogen
und zum Schluß sechs verstörte Tauben
herausfliegen ließen.

Plötzlich verschwand der Zylinder,
und vom Nationaltheater fiel
      die schwarze Fahne herab.

Ungefähr zu dieser Zeit regnete es fein
      auf dem Laurenziberg,
der Regen war rosig und duftete
nach Mädchenlippen
und fiel schmeichelnd
      in den jungen Schoß,
auf dem kurz vorher noch
wie abgehackt
ein Männerkopf gelegen hatte.

Womöglich hatte er mir gehört,
ich weiß es nicht, es ist schon
      lange her.

Prag schaute aus allen Fenstern
und lächelte selig
sich selbst an.

Dem Nationaltheater gegenüber
             im Café Slavia,
hatte Karel Teige tags zuvor schon
Crêpe de Chine zugeschnitten
             fürs Frühjahrskleid
der jungen Poesie.

# Mondgerümpel

Über die Liebe, über die Frauen
hätten wir uns mehr unterhalten,
wären unsere Gespräche über Poesie,
über Schönheit der Verse,
über Geheimnisse der Worte
nicht endlos gewesen,
mein Gott!

Oft neigte sich die Nacht schon
                dem Morgen zu,
oft fiel schon der ungeduldige Tau,
wenn ich den Dichter Hora
durch die lange Pilsner Straße
nach Koschirsch begleitete.

Kamen wir am Kleinseitner Friedhof
                      vorbei,
wo der Tod längst nicht mehr wohnte,
erschien uns der Friedhof
                wie ein Schachbrett,
vorbereitet fürs Spiel.
Wenig später begann das Spiel
der Nacht mit der Morgenröte.

Luna, die schöne Frau,
hatten wir in jener Nacht im Rücken.
Sie gehörte den romantischen Dichtern,
ihre Schönheit
gab der Tote dem Lebenden weiter
wie einen goldenen Ring.
Zuletzt hatte sie Mácha gehört.

Hora ist seit langem tot,
er starb jung.
Kommt das Frühjahr
und erblühen in Horas Obstgarten
                in Hrnčíře
die Bäume,
um an die hauchdünne Zartheit
und Zerbrechlichkeit seiner Verse
              zu erinnern,
eile ich nach Wischehrad
       auf den Nationalfriedhof.
Ich habe einen Schlüssel.

Dort klopfe ich an die Kojenplatte
mit seinem Namen.
Doch es bleibt grabesstill.
Nur einmal vermeinte ich,
ein schwaches Seufzen zu hören.

Manchmal noch besuche ich die Plätze,
die er gern hatte,
und mir ist dabei, als streichelte ich
eine anmutige Falte im Samt.

Ich sitze häufig nahe dem Grabmal
des Passauer Bischofs Thun-Hohenstein
auf dem Kleinseitner Friedhof,
er kniet hier, die Hände gefaltet,
schon hundertfünfzig Jahre lang.

Einmal schien mir, ich sei nicht
                      allein.
Ich war es nicht.
Plötzlich ergoß sich
          aus dem abendlichen Himmel
ein starker Frühjahrsregen.
Wir flüchteten in die Pestkapelle
am Friedhofseingang,
ihre Tür macht nur der Wind
auf und zu.

Durch das zerschlagene Fenster fiel
der Mondschein in die Kapelle,
war bleichklar, klarbleich
und beschien ein verängstigtes Gesicht.
Kühl war das Mondlicht
wie die Hände eines Toten,
aber warm waren die Mädchenlippen,
schmeckten nach Regenwasser.
In diesem Augenblick gab's auf der Welt
nichts Schöneres.
Möge der Herr Bischof ein Gebet
auch für mich sprechen!

Was hat sich in den Jahren seither
nicht alles verändert!
Die Kapelle steht längst nicht mehr,
und für mich fällt kein Regen mehr
in traulicher Stunde.

Nicht einmal Luna, die heute
                auf Zehenspitzen
durchs Rechteck meines Fensters
                            eintritt,
ist dieselbe.

In jenem Augenblick, da ein
                  menschlicher Fuß
sie betrat,
war sie bereits tot.
Gestorben einige Minuten
                vor der Landung
der Menschen mit den Apparaturen
auf ihrer kalten Nacktheit.

Was wir heute am Himmel sehen,
ist nur noch ein toter Satellit,
und die Kiefer seiner Krater
wiederkäuen nur noch das Nichts.

Ihre zerfetzten rosigen Schleier
schleppt sie über den Himmel,
tritt im himmlischen Kot darauf.

Sie umkreist weiter die Erde,
jetzt jedoch irgendwie sinnlos,
wie vor der Erschaffung der Welt,
sie umkreist uns
   mit dem eisernen Gerümpel,
das auf ihr zurückblieb
von den glücklichen Amerikanern.

# Das Haupt der Jungfrau Maria

Es ist ein einzigartiger Augenblick
                   im Jahr.
Ich öffne das Fenster,
    die Feststellhaken klacken,
und der Herbst ist da.
Seidig noch, mit Blutströpfchen
und leichten Berührungen von Trauer.
Zu dieser Zeit beginnen
           die Wunden der Menschen
stärker zu schmerzen.
Ich ging Vladimír Holan besuchen.
Er war krank.


Holan wohnte beim Lausitzer Seminar,
beinahe über dem Fluß.
Die Sonne war hinter den Häusern
                       untergegangen,
der Fluß plätscherte leise
und mischte die nassen Karten
fürs abendliche Spiel.


Ich war kaum eingetreten,
klappte Holan heftig ein Buch zu
und fragte mich fast erzürnt,
ob auch ich an ein Leben nach dem Tode
                       glaube
oder gar an Schlimmeres.

Ich überhörte seine Worte.
Auf dem niedrigen Schränkchen
           neben der Tür
gewahrte ich den Abguß
           eines Frauenkopfes.
Um Gottes willen, den kannte ich!
Er lag da, mit dem Gesicht nach unten,
wie unter der Guillotine.


Es war das Haupt der Jungfrau Maria
vom Altstädter Ring.
Pilger hatten sie herabgeworfen,
als sie damals, vor gerade
           sechzig Jahren,
vom Weißen Berg zurückkehrten.
Sie hatten die Säule mit den vier
           bewehrten Engeln umgestürzt,
auf der sie stand.
Die Säule war nicht annähernd
           so hoch gewesen
wie die Vendômes-Säule in Paris.


Es sei ihnen verziehen.
Die Säule hatte aufgeragt
           zum Zeichen der Niederlage
und der Schande
des tschechischen Volkes,
und die Pilger waren trunken von den ersten Zügen
der Freiheit.

Ich war mit ihnen dort,
das Haupt der zerschmetterten Statue
rollte über das Pflaster,
               unweit der Stelle,
an der ich stand.
Als es liegen blieb,
blickten die frommen Augen
auf meine verstaubten Schuhe.

Diesmal aber war es bis zu mir
                      gerollt,
beim zweiten Male,
und zwischen diesen beiden
                    Augenblicken
war fast das ganze Menschenleben,
das mir gehörte.
Ich sage nicht, daß es glücklich war,
aber – es ist zu Ende.

»Bitte, sag mir noch einmal,
was du gefragt hast, als ich eintrat.
Und – verzeih.«

# Vier kleine Fenster

Würde mich ein Fremder fragen,
welche Örtlichkeit mir in Prag
        am besten gefalle,
würde ich sofort antworten:
Die Neue Schloßstiege auf dem Hradschin.
Für mich selbst würde ich hinzufügen:
Und der Garten der Bildhauerin
        Hana Wichterlová
am Abhang des Laurenziberges.

Dort hörte ich den Springbrunnen
unter einem Zelt
    aus Englischen Hortensien.
Er war klein und sang leise
das Lied des Wassers.
Abends dann klang seine Stimme
        ergreifender
als die Stimme der Nachtigall,
die unterm Sternenzelt sang.

Eine Stiege zwingt uns,
    nicht unten zu bleiben,
sondern emporzusteigen.
Oben findet sich stets Überraschendes.
Vernehme ich auf einer Stiege
Jungenschritte hinter mir,
ist es kein anderer als ich selbst
im vierzehnten Lebensjahr.

Vier kleine verweinte Fenster
im Atelier von Jan Zrzavý
blicken auf Prag
und tragen noch Trauer
           nach des Malers Tod.
Die Palette ist ihm gesprungen,
die Pinsel sind ihm hartgetrocknet.

Ich hatte irgendwann wieder Besuch
        bei ihm gemacht.
Kurz nach der Mittagsstunde
           war ich gekommen,
er schickte sich gerade an,
              wieder loszumalen.

Er öffnete das untere Fenster
und erblickte das Kapuzinerkloster
unweit von Loreto.
Vor dem Kloster steht ein Eisenkreuz,
an seinem Fuß lag ein Fliederstrauß.
Es war zu Frühlingsbeginn.

Im zweiten Fenster
erschaute er die Häuschen
        von Okrouhlice,
wohin er gerne fuhr.
Sie waren so menschlich, freundlich
           und feierlich
wie an Fronleichnam.
Ein armer Engel pflückte Feldblumen
am Rande eines Getreidefeldes.

Im dritten Fenster stand der Leuchtturm
von der Ile de Seine.
Der Herbst näherte sich offensichtlich,
und der Leuchtturm beleuchtete
                Fischerhäuschen,
die ihre Rücken verächtlich
ihrem Meer zukehrten.

Im letzten Fenster endlich
standen Säule und Palast der Dogen,
dahinter wölbten sich die Kuppeln
                von San Marco.
Alle schimmerten rosig und golden.
Aber, um Himmels willen, wo hinunter
fliegen die Tauben vom Dogenpalast?
Sie landen auf dem Kleinstädter Ring,
wo die vielen Autos parken,
und picken aus dem Schneegrieß Körner,
die nach Benzin riechen.

Der Maler schloß auch dieses Fenster
und begann mit seiner Arbeit.

Als Knabe saß ich manchmal
unter der Burgmauer
und verfolgte begehrlich
die Beine der Mädchen,
die achtlos vorübereilten.
Eitle Sehnsüchte rüttelten
an meinen Sinnen.
Die Liebe aber fürchtete ich noch.

Bis sich zu mir einmal einer
            herabneigte,
wer es wohl war?
und mir leise ins Gesicht sagte:
»Wovor fürchtest du dich? Steh auf
und geh!«

Der Seminargarten floß über von Blumen,
daß die Augen übergingen,
der Aussichtsturm darüber
war an diesem Tage nicht aus Eisen.
Der leichten Libelle glich er,
die fliegend auf der Stelle flirrt,
mit so durchsichtigen Flügeln,
daß sie nicht zu sehen sind.

Da gehorchte ich, stand auf
und ging.

# Beim Maler Vladimír Komárek

Unterwegs rief ich ins Geschrei
                der Vögel:
Es lebe die Malerei!
        Dieser Taumel der Augen,
die ewige Unruhe des Blutes.
Schüchtern klopfte ich an,
              es wurde geöffnet.

Zuerst fiel mein Blick
        auf das bekannte Körbchen.
Es ist rosarot.
Dahinein hatte der Maler einst
ein halbes Dutzend
      getöteter Taubenjunger gemalt.
Im Fenster hat er ein Stück
                Spitzenband wehen,
abgerissen vom Eiffelturm.

Es lebe Paris! sagte ich mir im Geiste.
Diese Stadt wirft neue Bilder aus,
                Bild auf Bild,
wie die Bienenköniginnen
                nach dem Hochzeitsreigen
ihre Eier.
Wann schläft Paris eigentlich?
Das Tosen im Bienenstock
           klingt wie ein Wasserfall,
aus der Ferne vernommen.

Hier jedoch war Ruhe. Fledermausstille,
mit den Krällchen entlang der Wände
                          hängend,
die Köpfe nach unten.
Nur ab und zu knackt
              der alte Geldschrank,
wehmütig daran denkend,
                   wie es früher war.
Unterdessen hatte der Maler
                 zu reden begonnen.

»Müßte ich mal einen Akt malen,
und vor der Staffelei würde eine Frau
                           warten,
wie eine Patientin im Sprechzimmer
auf die Silbernadel der Akupunktur
                           wartet,
würde ich lieber die stille Trauer
der Dinge ringsum malen,
nicht die lebende Mädchenhaut,
in deren süße Abschattungen
                wie in einen Brunnen
der Frühling seine ungeduldigen Augen
                           taucht.«

»In den Konturen der Dinge,
             die ich betrachte,
male ich das,
        was die Augen nicht sehen.
Und dies ist Kunst.«
»Wie der Fischer lebenden Fischen
        den durchsichtigen Rogen abpreßt,
zwinge ich den Dingen, und müßte es
                        mit Gewalt sein,
ihre Tränen ab.
Und dies ist Gedicht.«


Als ich mich zum Gehen anschickte,
ersuchte ich Herrn Komárek,
mir den Weg zu weisen
aus den Pastellandschaften
            seiner Bilder
zur Autobushaltestelle.


»Sie gehen die Stiege hinunter,
überqueren die Brücke,
        aber nur halb,
dort befinden Sie sich
    in den Wölkchen der Bäume.
Und wenn Sie Taubengrau mögen,
stehen Sie dann vor Notre Dame.«

# Der Regenschirm vom Piccadilly

Wer vor Liebe nicht aus noch ein weiß,
der verliebe sich
meinetwegen in die englische Königin.
Warum denn nicht!
Ihr Gesicht ist auf allen Briefmarken
des altherkömmlichen Königreiches.
Ersucht der Verliebte sie jedoch
um ein Stelldichein im Hyde Park,
kann er Gift darauf nehmen,
daß er vergebens warten wird.

Ist er aber einigermaßen vernünftig,
sagt er sich klugerweise:
Natürlich, ich weiß doch,
im Hyde Park regnet es heute.

Bevor er aus England heimkehrte,
kaufte mein Sohn mir
      auf dem Londoner Piccadilly
einen Stockschirm.
Wenn nötig,
habe ich über meinem Kopf
einen eigenen kleinen Himmel,
der zwar schwarz ist,
aber in dessen gespannte Drähte
die Gnade Gottes strömen kann
wie Elektrizität.

Ich öffne den Regenschirm
        auch wenn es nicht regnet,
zum Baldachin
über dem Büchlein
        mit Shakespeares Sonetten,
das ich in der Tasche trage.
Es gibt jedoch Augenblicke,
        da entsetzt mich
sogar der strahlende Strauß des Alls.
In der Überlegenheit seiner Schönheit
bedroht es uns mit seiner Unendlichkeit,
und diese gleicht nur zu sehr
dem Schlaf nach dem Tod.
Es droht uns mit Leere und Frost
seiner tausenderlei Sterne,
die uns nachts täuschen
mit ihrem Schein.

Jener Stern, den man Venus nennt,
ist geradezu schaurig.
Dort werden noch Felsen gesotten,
und gleich gigantischen Meereswellen
gehen Gebirge hoch,
und es regnet brennenden Schwefel.

Wir fragen immer, wo die Hölle sei.
Dort ist sie!

Allerdings, was vermag
           ein zerbrechlicher Regenschirm
gegen das All!
Übrigens, ich trage ihn gar nicht.
Ich habe alle Hände voll zu tun,
um gehen zu können,
eng geschmiegt an meine Erde
wie der Nachtfalter tags
an die rauhe Rinde des Baumes.


Mein Leben lang suchte ich das Paradies,
das hier einst war,
seine Spuren fand ich
nur auf den Lippen der Frau
und den Wölbungen ihrer Haut,
die warm von Liebe ist.


Mein Leben lang sehnte ich mich
nach Freiheit.
Endlich habe ich die Tür entdeckt,
durch die man in sie eintreten kann.
Es ist der Tod!


Heute, da ich schon alt bin,
geht dann und wann
           zwischen meinen Wimpern
ein Frauengesicht hin,
und sein Lächeln läßt mein Blut
                     rascher fließen.

Scheu blicke ich ihm nach
und erinnere mich
            der englischen Königin,
deren Gesicht auf jeder Briefmarke
des altherkömmlichen Königreiches ist.
God save the Queen!

Ach, ja, ich weiß genau,
im Hyde Park regnet es heute!

## Kampf mit dem Engel

Gott weiß, wer es zuerst erdacht
und in Worte gefaßt hat,
das düstere Bild von den Toten
als lebenden Schatten,
die zwischen uns umherirren.

Gewiß, diese Schatten sind da,
sind nicht zu übersehen.
Während meines ganzen Lebens
      waren sie um mich herum,
eine beachtliche Schar.
Aber ich bin es, der
      mitten unter ihnen ist,
der umherirrt.

Sie sind dunkel
      und schweigen im Takt
mit meiner Schweigsamkeit,
wenn die Abenddämmerung niedersinkt
und ich allein bin.

Nur hie und da halten sie mir
      Hand und Feder an,
wenn ich unrecht hätte,
und wehen den bösen Gedanken weg,
der peinigt.

Manche sind trüb
und verblichen,
so daß sie sich mir im Unabsehbaren
                    verlieren.
Einer der Schatten jedoch ist rosig
und weint.

Im Leben eines jeden Menschen
gibt es einen Augenblick,
da ihm plötzlich schwarz wird
                    vor den Augen
und es ihn danach verlangt,
                    leidenschaftlich
den lächelnden Kopf zu umfangen.
Das Herz dann möchte verbunden sein
mit einem anderen Herzen,
und sei es durch tiefe Nadelstiche.
Während der Mund nur einen
                    Wunsch hat,
sich über die Stelle zu beugen,
auf die sich bei Pallas Athene
der Mitternachtsrabe niederließ,
als er ungebeten herbeiflog,
um den melancholischen Dichter
                    zu besuchen.

Dieses nennt man Liebe.
          Sei's drum!
Vielleicht ist sie wirklich so.
Doch nur selten währt sie lange
oder gar bis in den Tod
wie bei den Schwänen.
Oftmals wechseln Lieben einander ab
wie im Kartenspiel die Farben.

Manchmal wohl ist Liebe ein Schauer
                    der Wonne,
öfter aber ein langer,
            bitterer Schmerz.
Ein andermal ist sie ein Häuflein
            Tränen und Seufzer.
Nicht selten auch ist sie Langeweile.
            Diese ist die traurigste.

Vor einiger Zeit gewahrte ich
            einen rosigen Schatten.
Er stand im Eingang des Hauses,
dessen Front jenem Prager Bahnhof
            zugekehrt war,
den ständig Rauch einhüllte.

Wir saßen dort immer am Fenster.
Ich hielt ihre zerbrechlichen Hände
und sprach von Liebe.
            Das kann ich!
Sie ist lange schon tot.
Rote Lichter flimmerten
knapp über den Geleisen.
Erhob sich nur ein wenig Wind,
zerwehte er sogleich
            den Dämmerschleier,
und die Schienen erglänzten
wie Saiten eines ungeheuren Klaviers.

Zeitweise ertönten das Pfeifen
             des Dampfes
und das Schnauben der Lokomotiven,
die von den schmutzigen Bahnsteigen
armselige menschliche Sehnsüchte
                       fortschafften
in alle möglichen Gegenden.
Mitunter schafften sie auch Tote fort.
Die kehrten in ihre Zuhause
und auf ihre Friedhöfe heim.

Heute weiß ich, warum es so schmerzt,
wenn sich Hand von Hand,
Mund von Mund trennt,
wenn die Nähte reißen
und der Schaffner
die letzte Waggontür zuschlägt.

Liebe ist ein ewiger Kampf mit dem Engel.
Von morgens bis nachts.
             Und erbarmungslos.
Der Gegner ist oftmals stärker.
Wehe dem,
         der nicht erkennt,
daß sein Engel keine Schwingen hat
und daß er nicht segnet.

## Stück aus einem Brief

Die ganze Nacht trommelte
        der Regen ans Fenster.
Ich schloß kein Auge.
Da machte ich Licht
und schrieb einen Brief.


Schwänge sich die Liebe öfter
        in die Lüfte,
was sie könnte,
haftete sie nicht allzuoft
        an der Erde,
wäre es eine Wonne, sich einzuschmiegen
in ihr Wehen.

Aber wie verrückt gewordene Bienen
fliegen die eifersüchtigen Küsse
auf die Süße des Frauenkörpers,
und die ungeduldige Hand ergreift
alles, was sie nur erreichen kann,
weil die Sehnsucht nicht einschläft.

Auch der Tod wäre vielleicht
        ohne Schrecken,
im Augenblick des Aufbäumens.

Wer aber hat schon errechnet,
wieviel Liebe Platz hat
zwischen zwei Armen!

Briefe an Frauen
schicke ich stets nur mit Tauben.
Mein Gewissen ist rein.
Nie vertraute ich sie Sperbern
oder Habichten an.

Unter meiner Feder tanzen die Verse
                          nicht mehr,
gleich der ungeweinten Träne
                     im Augenwinkel
verweigert sich das Wort.
An seinem Ende ist mein Leben
schnelle Fahrt im Zug:
Ich stehe am Abteilfenster,
und Tag nach Tag
entschwindet ins Gestern,
in die schwarzen Wolkenfetzen
                       der Trauer.
Von Zeit zu Zeit halte ich ratlos
mich an der Notbremse fest.

Vielleicht erhasche ich einmal noch
ein Frauenlächeln,
das wie ein abgerissenes Blütenblatt
                         Halt fand
an Augenwimpern.
Vielleicht darf ich einen Kuß
                    wenigstens noch
den Augen schicken,
bevor sie im Finstern entschwinden.
Vielleicht erblicke ich einmal noch
einen feinen Knöchel,
wie ein Schmuckstück getrieben
aus warmer Zartheit,
um vor Verlangen einmal noch
den Atem anhalten zu können.


Was muß der Mensch alles verlassen,
wenn sich der Zug unerbittlich
der Station Lethe nähert,
wo schon die Plantagen
                    des weißen Asphodelus sind,
in dessen Duft man alles vergißt.
Auch die menschliche Liebe.


Es ist die Endstation,
der Zug fährt nicht weiter.

# Das Fenster auf Vogelschwingen

Auch Wasser, in dem Maiglöckchen waren,
ist giftig.
Gar erst alles Frühjahr!
Es durchdringt lebendes Gewebe
wie die Neutronenbombe
und befällt jegliches Lebendige.
Allein der Felsblock regt sich nicht.
Außer daß er vielleicht
die unfreundliche Farbe seines Gesichtes
                            ein wenig verändert.

Unterwegs ging ich eilends vorbei
                        an den Tafeln
mit den Straßennamen,
sie waren an den Frühlingswind genagelt.
Ich hastete zu dem einzigen Fenster,
es war blau.
Entgegegebracht wurde es mir
von den Vögeln auf ihren Schwingen.
Jeden Tag etwas näher.
Dann schloß sich mein Fenster.
Zeitweise sehe ich es noch,
aber nur, wenn ich die Augen schließe.
Und gestern ist der Herbst gekommen.

Die Tauben sind wie goldene Quasten
am Vorhang
des Laientheaters,
und die Stille, mit dem Herbst gehend,
spricht die Muttersprache der Friedhöfe,
auf denen nach und nach
               zusammenfließen
die Rinnsale unserer Leben.

Den Schmerz kenne ich gut,
er ist ein böser und eigensinniger Bruder.
Der Tod ist Geheimnis,
mit Schrecken zu bezahlen.
Das Fenster ist längst zerstört,
die Vögel sind in die Weinberge entflogen.

Eine Weile noch der Stille lauschen,
wenn es den Augen scheint,
daß die volle Traube an der Rebe
sich sehnt, genommen zu werden.
Der Mann streckt die Hand
               nach Liebe aus,
die Frau stöhnt vor Wonne.

Unterhalb der Weinberge
               fließt der alte Fluß,
und während der Wind
mit dem heiseren Laub spielt,
trägt der Fluß
allen süßen Quell dieses Landes fort
ins schmutzige Meer bei Hamburg.

# Eine Geliebte der Dichter

Törichte Augenblicke erster Lieben!
Damals glaubte ich noch,
daß Sterben inmitten von Blumen,
wenn der Mensch verliebt ist
bis über beide Ohren,
oder daß Sterben beim Karneval
                    von Venedig
schöner sein könnte
als das Sterben zu Hause im Bett.

Die Todesfee ist Herrin aller Schmerzen,
die unsere Welt kennt.
Gewebt ist ihr Schleier
aus dem Röcheln der Sterbenden,
bestickt mit Sternen aus Tränen.

Sterben ist Lyra der Klagen,
Fackel aus brennendem Blut,
Urne der Schönheit
und Tor zum Nirgendwo.

Die Todesfee ist manchmal auch
                    Geliebte der Dichter.
Mögen sie ihr liebedienern
im Ruch toter Blumen,
wenn sie sich nicht stoßen
an der Sterbeglocke harten Schlägen,
die ihren Marsch antreten
und den blutigen Kot stampfen.

Die Todesfee schiebt in die Körper
                der Frauen
ihre lange schmale Hand
und erwürgt unter den Herzen die Kinder.
Die kommen ins Paradies zwar,
aber noch ganz blutig.


Sie ist die Kaiserin allen Mordens,
und ihr Zepter
befehligt seit Anfang der Welt
die Schrecken der Kriege.


Die Todesfee ist Schwester der Fäulnis,
Botschafterin des Verderbens, des Nichts,
und ihre Hände
wälzen auf die Brust eines jeden
die Last des Grabes.


Sterben ist aber auch nur ein Augenblick,
ein Federstrich
und sonst nichts.

# Verlorenes Paradies

Der alte jüdische Friedhof –
das ist ein einziger Strauß
        aus grauem Gestein,
auf den die Zeit trat.
Ich irrte zwischen den Gräbern umher
und dachte an Mutter.
Sie pflegte in der Bibel zu lesen.

Die Buchstaben zerrannen ihr
vor den Augen zu zwei Rinnsalen
wie Blut aus einer Wunde.
Die Lampe prustete und qualmte,
Mutter griff nach der Brille.
Ab und zu mußte sie das Flämmchen
                ausblasen
und mit ihrer Haarspange
den glühenden Docht geraderücken.
Schloß sie halb die Augen,
träumte ihr vom Paradies,
als Gott es noch nicht besetzt hatte
mit bewehrten Cherubinen.
Oft schlief sie ein, und das Buch
glitt ihr vom Schoß.

Ich war noch jung,
als ich im Alten Testament
die hinreißenden Liebesverse entdeckte,
in denen von Inzest geschrieben steht.
Damals ahnte ich nicht,
wieviel Zärtlichkeit verborgen ist
              in den Namen
der alttestamentarischen Frauen.

Ada ist die Zierde und Orpha
die Hirschkuh,
Naama ist die Süße
und Michael das Bächlein.

Abigail ist Quell des Trostes.
Erinnere ich mich aber,
wie machtlos wir zusahen,
als die Juden verschleppt wurden
mitsamt ihren weinenden Kindern,
durchbebt mich heute noch Entsetzen,
und frostiger Schauer läuft mir
                    über den Rücken.

Jemina ist die Taube und Tamar
die Palme.
Tirza ist die Liebliche
und Zerpha der Tropfen.
Mein Gott, wie ist das schön!

Die schiere Hölle hatten wir bereits,
doch niemand wagte,
den Mördern die Waffe zu entreißen.
Als wäre in uns
kein Gran Menschlichkeit gewesen!

Der Name Jechiel bedeutet
mächtig ist der Herr.
Ihr finster blickender Gott aber
sah den Stacheldraht
und rührte keinen Finger.

Delila ist die Köstliche, Rachel
das Schäflein,
Debora die Biene
und Ester der strahlende Stern.

Kaum war ich vom Friedhof zurück,
stemmte sich der Juniabend
    mit seinen Düften
gegen die Fenster.
Aus der Stille der Fernen aber donnerte
der künftige Krieg!
Es gibt keine Zeit ohne Morden.

Fast hätte ich es vergessen,
Rode ist die Rose.
Und diese Blume, sie ist
    wohl das einzige,
was uns auf der Welt hier verblieb
vom einstigen Paradies.

# Königliches Lustschloß

Was bin ich herumgestiefelt
        in den Pinienhainen
unter der toskanischen Sonne,
herumgeirrt zwischen verfallenen Mauern
und ausgetrockneten Brunnen
                da und dort,
über deren verlassene Ränder
der Efeu kroch.

Was habe ich herumgesucht
in den Bänken alter Kirchen
und vor Altären
    nach den berühmten Frauen,
deren Köpfe bekränzt wurden
mit Dichterversen
und deren Schönheit als Juwel haften blieb
am Busen Italiens.

Heute bin ich für alles zu alt,
dennoch schmerzen meine Beine
        weder in den Erinnerungen
noch im Traum.

In der Nacht auf heute schien Vollmond.
        Im Chotek-Garten
war es wie am Tage,
und die Liebespaare versuchten vergeblich,
ihre Küsse zu verbergen.

Auf die weißen Stirnen
            der Marmorstatuen
bei der niedrigen Grotte
fiel der Mondschein dieser Nacht,
und die Gesichter, sonst zart,
waren schrecklich wie die Gesichter
            der Toten,
die ihrem Grab entsteigen.

Die Fontäne verstummte,
            das Wasser wollte schlafen,
und die weichen Bäuchlein
      der Myriaden von Tropfen
schlugen nicht mehr aufs nasse Blech.
Nur die kleinen Feldmäuse
unter der Fontäne
rannten umher zwischen den Blumen
            des Parterregartens
wie in einem Labyrinth.

Vor Mitternacht noch hob jemand
            eine Fackel,
die grün das Dach färbte,
sie leuchtete,
   als die Tänze verrauscht,
den ermüdeten Beinchen der Tänzerinnen
auf den paar Schritten heim.

Nachdem alle gegangen,
regten sich die Säulen
         in den leeren Arkaden
und traten als stumme Pilger
ihre Fahrt an.

	Sie schritten ohne Kopf,
ohne Beine und Arme
und ohne Rosenkränze,
nur mit ihrem zerbrochenen Schatten
rund um das Lustschloß.


Da öffneten sich jäh
am Himmel die Vorhänge,
und vor den Augen erstand der Dom
und unter ihm die Burg
mit allen Türmen der einstigen Feste.


Wann immer ich auf Prag schaue
– und ich tue es ständig
             und stets atemlos,
weil ich es liebe –,
wende ich mein Sinnen zu Gott,
wo immer er sich versteckt,
ob hinter sternschimmernder Nebelwand,
ob hinter einem alten,
             mottenzerfressenen Paravent,
um ihm dafür zu danken,
daß er diese großartige Szenerie
auch meinem Leben verlieh.

Mir und meinen Freuden
       und sorglosen Lieben,
mir und meinen Tränen ohne Weinen,
wenn meine Lieben schieden,
meinem Leid auch, dem übergroßen Leid,
als nicht einmal meine Verse
            hatten weinen dürfen.
Ich liebe Prags versengte Gemäuer,
an die wir uns während des Krieges
                 schmiegten,
um durchzuhalten.
Für nichts auf der Welt
       würde ich sie eintauschen.
Auch nicht für andere Gemäuer,
und ragte zwischen ihnen der Eiffelturm auf
       und flösse traurig die Seine,
nicht für alle Paradiesgärten
voll Blumen.

Werde ich einmal sterben
       – und dies dürfte bald sein –,
wird mir noch am Herzen liegen
das Geschick dieser Stadt.

Gnadenlos wie dem Marsyas
soll jedem bei lebendigem Leib
       die Haut abgezogen werden,
der sich an dieser Stadt vergreift,
wer immer es sei.
Und spielte er noch so gut
seine Flöte.

## Schüssel mit Nüssen

Längst habe ich mir angewöhnt,
jedenfalls hie und da,
bei der Blumenarie aus Carmen wegzuhören,
und der Wind wirft mir Schnee
                      in die Augen,
damit ich nicht sehe,
was für mich zum Greifen nahe ist.


Am Heiligen Abend stelle ich an den Tisch
drei Stühle mehr.
Einen für den toten Vater,
den zweiten für die Mutter
und, in diesem Jahr, den dritten
                      für die Schwester.
Sie ist mit dem Auto verunglückt.


Manchmal stellen sich auch andere ein,
die ich im Leben geliebt habe.
Sie sind neugierig.
Zerteile ich einen Apfel,
schauen sie mir über die Schulter.


Es ist eine kostbare Stunde im Jahr
für die Tränen des Erinnerns.
Doch wir lassen sie nicht schluchzen
                      und nicht heulen,
die Sirenen auf den Häuserdächern
wie damals, am Anfang des Mais.
Wir weinen leise allein.

Womit aber kann ich sie alle
                    bewirten,
was kann ich Schatten anbieten?
Hier ist das Brot dieses Landes
und sein herber Wein,
hier ist eine Schüssel mit Cashewnüssen.
Sie sind von weither, bis aus Indien,
und schmecken süß
wie erste Kinderküsse.

Vielleicht lächelt Mutter
bei diesen Worten.
Nein, ich bin mir nicht sicher.
Sie lächelte stets nur mit den Lippen,
ihre Augen blieben traurig.

Und wenn sie weinte,
rannen ihr die Tränen nach innen.

# Die Pestsäule

Die Gedichte des Bandes ›Die Pestsäule‹ sind in den Jahren 1968 bis 1970 entstanden. Die letzte Textgestalt hat ihnen der Autor im August 1979 gegeben.

Während eines seiner frühen Vorträge
riß Jiří Mahen plötzlich
        aus seiner Rocktasche
die Volkszeitung Lidové noviny.
Er drehte sie zur Sprechtüte zusammen
und verkündete lauthals:
Es lebe die Poesie!
              Es lebe die Jugend!
Damals war die Jugend noch unser.

In der angefachten Zeit brannten
unsere Leben schneller.
Als erster starb Jiří Wolker.
Ich sprach über seinem Sarg.
Es war Januar und frostig kalt.

Schleunig verließ ich das Grab, enteilte,
als wänden sich im Schnee hinter mir
des Totengräbers Senkseile.
Ich rannte zum Bahnhof,
um möglichst bald meinen Kopf
auf die Blüten deines Körpers
              legen zu können.

Für Josef Hora las ich meine Verse,
als sein Sarg vor uns ruhte
im Nationalfriedhof auf der Treppe
                    zum Slavín.
Ich las ihm zu Füßen
leise und demutsvoll.
Vom Festungswall nahe dem Friedhof
hat man einen weiten Ausblick auf Prag,
und im Norden steht der Berg Říp
wie von Kinderhand hingekippt.
Er gehört zwar uns allen,
                    die wir hier sind,
aber Hora gehört er besonders.


Damals freilich liebte ich auch
die Maiwiesen von Libuně
und die mäßigen Kuppen ringsum:
Kozákov, Tábor, Bradec und Kumburk
sowie die liebliche Přivýšina.
Wir irrten dort ganze Tage umher,
und kam niemand des Wegs,
fiel ich mit dem Mund auf den deinen,
suchte begierig deine heiße Zunge.
Und vor uns ragte
            wie eine angekohlte Lyra
die Burg Trosky auf.

Dem sterbenden Halas
schrieb ich einige stille Strophen
über unsere Jugend.
                    Keine allzu guten,
aber es waren die letzten, die er las.
Er lächelte, tat es wie Leute,
die wissen, daß sie hinscheiden.
                            Heute noch
geht sein wehmütiges Lächeln
mit meinen Versen einher.

Ich schrieb sie, wo es ging,
in Fenstern der Cafés,
auf tintebekleckstem Pulten der Postämter,
während der Telegraf tickte.
Am liebsten jedoch schrieb ich daheim.
Du saßest bei der Stehlampe,
und es war zu hören,
            wie deine Nadel stach
ins aufgespannte Gewebe.
Auf meine Verse warst du damals
                        noch eifersüchtig.
Sie trieben sich mit weiß Gott wem
                und weiß Gott wo herum,
obschon du so nahe,
          so sehr nahe warst,
nur zwei, drei Schritte entfernt.

Haben Sie den Gitarristen beachtet?
Er legt plötzlich weich die Hand
auf seine Saiten,
und alle auf einmal verstummen.
Längst habe ich die Schwelle überschritten
zu dem unaufschiebbaren Moment,
habe Bitterkeit im Mund,
als zerbisse ich den Wermutstengel,
den ich nicht zerbrechen konnte.

## Geschrei der Gespenster

Vergeblich greifen wir
      nach fliegenden Spinnweben
und nach Stacheldraht.
Vergeblich pressen wir die Fersen
                    in die Scholle,
damit wir nicht so heftig geschleift werden
in eine Finsternis, die schwärzer ist
als die schwärzeste Nacht,
eine, die keine Sternenkrone mehr hat.

Täglich begegnen wir jemandem,
der uns unversehens fragt,
ohne den Mund zu öffnen:
Wann? Wie? Und was kommt danach?

Eine Weile noch tanzen und springen
und die duftende Luft atmen,
wäre es auch mit dem Strang um den Hals!

Im Wartezimmer des Zahnarztes
fand ich auf der Seite
      einer zerlesenen Zeitschrift
das Bild einer rosa Tanagra.
Eine ähnliche hatte ich vor Jahren
in einer Vitrine des Louvre gesehen.

Gefunden hat man sie in der Marmorgruft
eines jungen Mädchens,
das lange vor Christus starb.
Die Tanagra ist vertraut mit dem Tod.
Sie könnte reden.
              Schweigt aber.
Und lächelt.

Als das Mädchen im Sterben lag,
hörte es die Schreie der Empusa,
die Sterbende schreckte
und Gräber bewachte.
Sie hatte einen Fuß aus Metall,
einen aus Eselsmist,
und sie schrie, wie die Schellen der Toten
                              schreien
an Acherons Ufern.


Ja, natürlich! Die alten Gespenster sind tot,
doch es werden neue geboren.

Hallo, Fräulein, haben Sie nicht gehört?
Em - pu - sa.
Ich buchstabiere das Wort.
>    E – wie Eros
>    M – wie Minne
>    P – wie Partner
>    U – wie Unberührtheit
>    S – wie Staunen
>    A – wie Amarant.

Haben Sie es? Dann, bitte,
schreiben Sie weiter!

Als die Seele dem Mädchenmund entwichen
und im Blau verflogen war,
welkte dem Mädchen der Mund
wie eine gepflückte Blume.

Die Tanagra lächelte
und ging, bislang geliebtes Spielzeug
                        der Lebenden,
mit der Toten nun ins Grab,
um zuzuschauen, wie allsogleich
der Engel der Fäulnis
hintrat zu dem Mädchenleib
und rasch die Haut zu zerstören begann
mit seinen veilchenblauen Fingernägeln.

Am Ort spukte es noch lange, Gespenster
schreckten mit ihren Stimmen
                        die Lebenden,
wenn sie unten vorbeigingen.
Seit langem aber ist es dort still.

Nur hinter dem Stechpalmenstrauch
ruhen manchmal Wanderer aus
und führen die Rohrpfeifen zum Mund,
die sie im Gewande tragen.

Wo nur las ich das Lied
von der dünnen Mädchentunika?
Sie wehrte sich nur schwach,
war leicht zu überwinden.
Und war sie erst über die Woge
     der Schulter geglitten,
wurde sie schwerlich gehalten
     von der Mädchenbrust,
die selbst gefangen war
wie ein Lamm, das unversehens
in eine Wolfsfalle gerät.

Übrig blieben nur einige Handvoll Staub,
sonst nichts.
Der erhob und setzte sich wieder
im gesamten Raum der Gruft.
Und durch den Spalt zwischen den Platten
     zwängte sich
wie Hundegebell
ab und an Veilchenduft.

# Wallfahrtsort

Nach langer Reise erwachten wir
in den Arbiten der Kirchen,
          wo geschlafen wurde
auf kalten Fliesen.
Dazumal gab es noch keine Autobusse,
nur Straßenbahnen und Eisenbahnzüge,
und gewallfahrtet wurde zu Fuß.
Wie alt ich damals wohl war?

Die Glocken weckten uns. Sie dröhnten
aus den untersetzten Türmen.
Von ihren Schlägen erzitterte nicht nur
                   die Kirche,
sondern auch der Tau auf den Halmen,
als stampften irgend nahe
              über unseren Köpfen
Elefanten die Wolken
beim Morgentanz.

Ein paar Schritte von uns entfernt
            zogen sich die Frauen an.
Nur dank dessen schaute ich
für ein, zwei Sekunden
die Nacktheit der Frauenbrüste,
wenn die Hände das Kleid hoben
            bis über den Kopf.

Im gleichen Augenblick jedoch
                legte mir jemand
die Hand auf den Mund,
so daß ich nicht einmal mehr
            ausatmen konnte.

Ich fing mich an der Wand.

Wenig später schon knieten alle
vor dem goldenen Palladium
und grüßten es mit ihren Liedern.
Ich sang mit.
Aber ich grüßte bereits etwas anderes,
und gleichfalls tausendmal,
eingenommen von der ersten Erkenntnis.

Das Lied trug flugs meinen Kopf
aus der Kirche hinaus.

In der Bibel schreibt der Evangelist Lukas
in seinem Evangelium,
Kapitel eins, sechsundzwanzigster Vers
und folgende:


Es flog ein geflügelter Bote durchs Fenster
in die jungfräuliche Stube
so leise, wie es nur eine Eule vermag,
und er hielt vor dem Mädchen
                    in der Luft,
einen halben Meter über dem Boden,
unmerklich die Fittiche schwingend.
Hebräisch sprach er vom Throne Davids.


Sie senkte nur die überraschten Augen,
flüsterte: Amen,
und von der Stirn glitt ihr
                    auf den Betstuhl
das nußfarbene Haar.

Heute weiß ich, wie sich in einem solchen
              schicksalhaften Augenblick
Frauen verhalten,
denen der Engel nichts verkündet hat.

Zuerst keuchen sie vor Wollust,
dann schluchzen sie auf
und versenken ihre Nägel unbarmherzig
in die Männerhaut.
Versuchen sie den Schoß zu schließen,
spannen sie die Muskeln,
und das aufgewühlte Herz schleudert ihnen
wilde Worte in den Mund.

      Damals bereitete ich mich erst
           auf das Leben vor
und zielte dorthin,
wo es am dichtesten war.
In den Kirchweihläden rasselten mitunter
Bündel von Rosenkränzen,
als regnete es auf ein Blechdach,
und die Mädchen, die auf der Kirchweih
                          umherspazierten
mit einem Tüchlein in der verlegenen Hand,
verschenkten ihre strahlenden Augen großzügig
in alle Richtungen,
und ins Leere schickten ihre Lippen
die Wonne künftiger Küsse.

Das Leben – es ist der schwere,
                leidvolle Flug
der Zugvögel
in Landstriche, wo jeder allein ist.
                Und ohne Wiederkehr.
Alles, was man hinter sich läßt,
die Pein, die Trauer, die Enttäuschung,
sie erscheinen uns allesamt leichter
als diese Einsamkeit,
wo es den Trost nicht gibt,
der ein wenig beschwichtigen könnte
die verhärmte Seele.

Was nützen mir die süßen Zibeben!
Ein Glück, daß ich auf der Kirchweih
wenigstens eine rote Papierrose schoß!
Ich hatte sie lange,
und lange noch roch sie nach Karbid.

## Der Kanalgarten

Erst zum Alter hin lernte ich
die Stille lieben.
Bisweilen erregt sie mehr als Musik.
In der Stille scheinen zitternde Zeichen auf,
und an den Scheidewegen
   unseres Gedächtnisses
vernehmen wir Namen,
die uns die Zeit zu ersticken versucht.

Abends vernehme ich den Baumkronen
gar die Herzen der Vögel.
Und eines Abends auf dem Friedhof
habe ich aus der Grabestiefe
sogar das Knacken eines Sarges vernommen.

Im Garten, auf einem vergessenen Stein,
gemeißelt in die Form einer Muschel,
spielten die Kinder.
Ich habe Kindheitserinnerungen daran.
Auch später noch schaute ich dort zu.

Wahrscheinlich war es der letzte
                            derartige Stein
des alten Gartens.
Sonst gab es nichts mehr.
Außer einer Quelle und einem Baum.
Außer einer vergewaltigten Quelle
und einem halbdürren Baum,
dessen Stamm durchbohrt war
von einer Revolverkugel.

Die Nacht, Besitzerin der Finsternis,
leert hastig die Abendröte aus dem Himmel,
wie das blutige Wasser,
in dem Marat durchbohrt wurde
vom Dolch der schönen Blondine,
und beginnt damit, abzutrennen
                        von den Menschen
deren eigene Schatten,
wie der Schneider die Ärmel abtrennt
bei der Anprobe für ein Sakko.

Alles schon dagewesen,
nichts Neues auf der Welt,
doch wehe den Liebenden,
die nicht in jedem Kuß
eine neue Blüte zu entdecken vermögen.

Noch aber liegt Licht auf den Beeten
und auf dem freundlichen Weg.
Zwischen den Blumen lustwandelt
Graf Josef Emanuel Canal de Malabaile
und biegt mit dem Saum
        seines erhabenen Mantels
die kleinen Blütenhäupter um,
die sich gleich wieder erheben.

Juden Eintritt verboten!
Sieh an!

Jeder von uns schreitet
        seinem Abgrund entgegen.
Es gibt der Abgründe zwei:
den tiefen Himmel über dem Kopf
        und das Grab.
Das Grab ist tiefer.

Über dem Bassin steht die Göttinnenstatue
aus weißem Marmor.
Die warmen Rundungen ihres bebenden Körpers
sind wie soeben geschlagen
aus süßer Sahne.


Wohin ist ihr altes Firmament geraten,
unter dem sie ihr Blondhaar
zu einem Honigknoten band?
Mit schlankem Arm verdeckt sie
                    ihre Brüste
und bückt sich dabei,
als wollte sie ins Wasser steigen,
das verschlossen war mit dem Vorhängeschloß
der rosa Seerose,
die sich soeben öffnete.


Und ihr Schoß, der sich unter ihr
in der dunklen Oberfläche spiegelt,
gleicht dem göttlichen Instrument des Orpheus,
von den thrakischen Frauen dem Dichter
                            entrissen
und in die Wellen des Hebros geworfen.


Ich habe Angst,
        du aber fürchtest dich nicht.
Fische die Leier heraus.

Man schrieb damals aufs Türfutter
das Jahr achtzehnhundertneunundzwanzig
mit geweihter Kreide.
Im Parterre des Ständetheaters
pflegte der Dichter zu stehen
und aufgeregt darauf zu warten,
daß sich eine der Logen öffnete
und die Gräfin eintrat.
Im selben Augenblick jaulte
                      in seinen Eingeweiden
die Torheit der Liebe auf.

Er wohnte in der Michaelsgasse
beim Roten Hahn,
und weil er keine Möbel besaß,
schrieb er seine Verse liegend
                      auf dem Fußboden
und tauchte die Feder
                      in ein Tintenfaß,
das in den Boden gebohrt war.

Schweig, Strauch der Rose,
und flüstere mir ihren Namen nicht.
Röhricht im See, verharre
und raschele nicht,
mag ich doch ihres Rockes Seide
                      nicht hören,
wenn sie geht und die Kutsche wartet.

Nie wird sie streicheln
meinen schütteren Kinnbart,
nie werde ich meinen Mund versenken
in ihren Leib.
Wäre ich ihrer nie ansichtig geworden,
schlüge sie mir nicht jedesmal
                das Haupt ab
mit dem Säbel ihrer Schönheit.


Anderntags wartete er wieder geduldig
im Theater an der Säule
und bohrte den Blick
                    in die leere Loge.
Als sie eintrat,
im samtenen Sessel saß,
schloß sie ihre behexenden Augen
mit den langen Wimpern,
wie eine fleischfressende Pflanze
               ihre klebrige Blüte schließt,
aus der es kein Entrinnen gibt.


Verhülle deine Augen, Geliebte mein,
ich werde sonst wahnsinnig.
Er war jung,
wurde wahnsinnig und starb.

Nacht, ewiger Ameisenhaufen
          der Sterne,
und was noch?
Im grünlichen Dunkel des Gartenhäuschens
küßten einander glückliche Liebende.

Hundertmal geküßte Lippen
flüsterten zu hundertmal geküßten Lippen
flammende Worte,
Lichter auf dem Wege des Blutes,
das in entlegene Gegenden
          der Leidenschaft eilt.

Wie mit Dolchen
durchstachen sich die Zungen gegenseitig
in den halb geöffneten Mündern.

Abendstern war damals die Venus.

Kehren wir zum Herrn Grafen zurück.
Er liebte die Musik
und wies die Musiker an,
ihre Blasinstrumente versteckt zu spielen
im Strauchwerk des Gartens.

Die Musiker sogen in ihre Instrumente
den dichten Blütenduft ein,
der unter den Berührungen ihrer Finger
zu Liebesliedern wurde –
zum Tanzen.

Hier sind sie! Wer tanzen mag,
der tanze.

Wenn einer ihrer zwei gerundeten Gipfel
anmutigen Eigensinns
mit seiner Korallenspitze
beim Tanzen auf meine Jacke
ein paar Morsezeichen setzte,
brauchte das nichts zu bedeuten.
So was pasiert.
Manchmal ist es nur Zufall.

Ich aber sah es zumeist
als Rufen von einem anderen Planeten an,
der um meine Stirne kreiste.
Manch einer winkt da ab.
Ich opferte diesem Rufen
die Hälfte meines Lebens. Vielleicht
sogar mehr.

Nach dem Tanz ließ sich
         die ermattete Tänzerin
auf dem seidigen Rasen nieder
und breitete den Musselin ihrer weiten Röcke
rings um sich aus
wie wellige Kreise im Wasser.

Ich hörte ihr sorgloses Lachen,
kam aber zu spät.

Ist der Mensch alt,
kommt er immer zu spät,
beneidet am Ende den Rasen
um die zwei Mulden, eingedrückt
von den Knien des Mädchens.

**I**ch hatte Glück. Hand in Hand
tanzten heitere Paare
im zertrampelten Gras um Bäume herum.
Nur einmal im Leben
war ich dem Mädchen begegnet.

Mit einem Lächeln lud sie mich
                       zu ihren Knien ein,
wie man Leute einlädt,
wenn es den Anschein hat,
ein Wort könnte zu gewagt sein.
Und sie verlangsamte den Schritt,
damit ich sie einholen konnte.

Wo immer Sie möchten, daß ich hingehe,
ich werde es gern tun.
Auch auf den Felsen, wo nurmehr
                       Schwefelblüte wächst
und der Krater schon nahe ist.

So weit jedoch mochte sie mit mir
                       nicht gehen.
Und sie erzitterte,
als hätte der Tod sie berührt.

Reichen Sie mir wenigstens die Hand,
                       leben Sie wohl.
Einen Augenblick lang zögerte sie,
dann hieb sie zum Abschied
den Mund wie eine Tigerkralle
in meine überraschten Lippen.

**I**ch schaue auf deine Stirn
wie der Pilot aufs Armaturenbrett,
wenn er in einer Gewitterfront fliegt.
So spät bin ich dir begegnet
und so unverhofft.

Ich weiß, du warst versteckt
in der tiefen Wehe deines Haars.
Es leuchtete, sogar in der Dunkelheit,
dennoch suchte ich dich vergebens.
Unter den Nägeln hatte ich
deinen Goldstaub.

Dann bist du mir durchs Zäunchen
               deiner Wimpern entschlüpft
in dein Lachen.
Und der Juni, ganz feierlich gekleidet,
stopfte uns Jasmin in die Fenster.

Am Ende bist du für immer verschwunden
im Schnee deiner Stille.
Wie hatte ich dich auch nur erblicken können
in solcher Ferne?
Und es war kalt, die Dämmerung
               senkte sich nieder.

Meine Verse kannst du zerreißen
und zerrissen in den Wind werfen.
Meine Briefe zerknüllen
und zerknüllt im Feuer verbrennen.

Was aber wirst du mit meinem Kopf tun,
dem Abguß in mattiertem Metall,
der dich unverwandt ansah,
wenn du dich bettfertig machtest
oder morgens sein Haar kämmtest?
Dieses Abbild wenigstens
               mußt du forttragen
in das Gefäß für die Asche.

Und so wirst du noch einmal,
                       ein letztes Mal
meinen Kopf halten
zwischen deinen Händen.

Der Graf ist tot, die Gräfin ist tot,
der Dichter ist tot.
Die Musiker sind tot.
Alle meine Geliebten sind tot,
und auch ich mache mich fertig
zum Gehen.
Jedenfalls kommt es mir oft so vor,
wenn ich erschauen will
deine fernen Augen,
wenn ich irgendwo weit weg
den allerletzten Stein des Gartens suche,
der auch schon tot ist.

# Die Pestsäule

In die vier Himmelsrichtungen wenden sich
die vier demobilisierten Fürsten
        der himmlischen Heerscharen.
Und die vier Himmelsrichtungen
sind versperrt
mit vier schweren Schlössern.

Auf der Sonnenbahn taumelt
der alte Säulenschatten
von der Stunde der Ketten
zur Stunde des Tanzes.
Von der Stunde der Liebe
zur Stunde der Drachenkrallen.
Von der Stunde des Lächelns
zur Stunde des Zorns,

Dann von der Stunde der Hoffnung
zur Stunde des Niemals,
von wo nur ein kleiner Schritt ist
zur Stunde der Hoffnungslosigkeit
und zum Drehkreuz des Todes.

Unsere Leben rücken so vor
wie Finger auf Glaspapier,
Tage, Wochen, Jahre, Jahrhunderte.
Und es gab Zeiten, da durchweinten wir
lange Jahre.

Heute noch gehe ich zu der Säule,
an der ich oft wartete
und lauschte, wie das Wasser sprudelte
aus den apokalyptischen Mäulern,
jedesmal von neuem erstaunt
über die verliebte Kokettheit des Wassers,
das am Brunnenboden zerschellte,
bis der Säulenschatten auf dein Gesicht fiel.

Das war die Stunde der Rose.

Ich bitte dich, Junge, springe
			auf den Brunnen
und lies mir schnell vor,
was die vier Evangelisten
auf die Steinseiten schrieben.

Matthäus ist der erste.
	Wer ist aber unter euch,
	der seiner Länge
	eine Elle zusetzen möge?

Und was schreibt der zweite, Sankt Markus?
	Zündet man auch ein Licht an,
	daß man's unter einen Scheffel
	oder unter einen Tisch setze?

Und der Evangelist Lukas?
	Das Auge ist des Leibes Licht.
	Wo das Aas ist,
	da sammeln sich auch die Adler.

Endlich der heilige Johannes,
Liebling des Herrn?
Das Buch auf seinem Schoß ist geschlossen.
Nun, Junge, dann öffne es.
Sei's mit den Zähnen.

Getauft wurde ich in der Pestkapelle
des heiligen Rochus.
  Am Rande von Wolschan.

Wütete in Prag die Beulenpest,
bettete man rings um die Kapelle die Toten.
Einen über den anderen,
  in mehreren Lagen.
Ihre Knochen bildeten nach Jahren
schlecht geschichtete Scheiterhaufen,
sie brannten
im Kalksturm des Lehms.

Lange noch besuchte ich
  die traurige Stätte,
dem Süßen des Lebens aber
  entsagte ich nicht.
Ich fühlte mich wohl
  im warmen Menschenbrodem,
und bewegte ich mich unter den Menschen,
schnappte ich nach dem Duft
  des Frauenhaars.

Auf den Treppen von Wolschaner Kneipen
hörte ich abends
den Leichenträgern und Totengräbern zu,
wenn sie ihre derben Lieder sangen.

Sehr lang ist's her,
  verstummt sind die Kneipen,
und am Ende begruben die Totengräber
einer den anderen.

Manchmal stand ich
    beim hölzernen Glockenturm.
Die Glocke erdröhnte,
sobald in der Kapelle der Tote
            aufgehoben wurde.
Sie ist längst verstummt.
Ich betrachtete gern die Statuengruppe
            im Empirestil
weggeholt vom Kleinseitner Friedhof.
Die Statuen trauerten noch immer
            um ihre Toten,
die sie hatten dort lassen müssen.
Langsam gingen sie davon,
mit dem Lächeln ihrer antiken Schönheit.

Und nicht nur Frauen waren es,
sondern auch Soldaten mit Helm und Waffe,
falls ich mich nicht täusche.
Ich bin lange nicht mehr dort gewesen.

Laßt euch bloß nicht einreden,
die Pest sei in der Stadt erloschen.
Habe ich doch selbst noch viele Särge
in jenes Tor fahren sehen,
und es ist nicht das einzige dort.

Die Pest wütet weiterhin, allein die Ärzte
geben der Krankheit offensichtlich
                    andere Namen,
damit keine Panik entsteht.
Immer ist es derselbe Tod,
nichts anderes,
und er ist derart ansteckend,
daß ihm keiner entgeht.

Sooft ich aus dem Fenster schaute,
zogen hagere Pferde
      den unheilverkündenden Wagen
mit dem mageren Sarg.
Jetzt läutet man nicht mehr so häufig,
malt keine Kreuze mehr an die Häuser
und räuchert nichts mehr mit Wacholder aus.

Auf den Wiesen von Juliánov
lagen wir an manchem Abend noch,
wenn die Stadt schon im Dunkel versank
und im toten Arm der Switawa
die Frösche zu weinen begannen.

Einmal hockte sich eine Zigeunerin zu uns.
Sie hatte die Bluse nur halb zugeknöpt
und las aus der Hand.
Zu Halas sagte sie:
 Du erlebst die Fünfzig nicht.
Zu Artuš Černík:
 Du überlebst sie kurz.
Ich mochte mir nicht aus der Hand lesen lassen,
hatte Angst.

Mit Gewalt nahm sie meine Hand
und rief erzürnt:
 Du wirst lange leben!
Es klang wie eine Drohung!

Wie viele Rondos und Lieder
        habe ich geschrieben!
Krieg herrschte in allen Himmelsrichtungen,
und in allen Himmelsrichtungen herrschte Trauer.
Dennoch raunte ich Ohrringen mit Rauten
Liebesverse zu.
Dafür schäme ich mich ein wenig.
Eigentlich aber nicht.

Einen Sonettenkranz legte ich dir
in die Falten deines Schoßes.
Er war schöner als die Lorbeerkränze
für die Sieger im Auto-Cross.

Plötzlich aber begegneten wir einander
an den Brunnenstufen,
und jeder ging anderswohin
                anderswodurch und anderswann,
auf einem anderen Gehsteig.

Lange noch schien mir,
ich würde deinen Beinen begegnen,
manchmal vernahm ich dein Lachen,
doch du warst es nie.
Sogar deine Augen glaubte ich
                einmal zu sehen.
Aber nur ein einziges Mal.

Meine Haut, dreimal bestrichen
mit jodgetränktem Tupfer,
war bereits braungoldfarben.
Solche Gesichtsfarbe haben die Tänzerinnen
in indischen Tempeln.
Ich heftete den Blick an die Decke,
um sie besser sehen zu können,
und ihr bekränzter Zug
umrundete den Tempel.

Eine von ihnen, die in der Mitte,
mit den allerschönsten Augen,
lächelte mich an.
              Gott,
welcher Unsinn jagt mir durch den Kopf,
obwohl ich bereits
        auf dem Operationstisch liege
mit einem Opiat im Blut.

Schon ist die Lampe über mir
                    eingeschaltet,
der Chirurg setzt das Skalpell an
und führt einen langen festen Schnitt
auf meinem Rücken,
dort, wo das Rückgrat ist.
Ich werde wieder wacher,
schließe darum fest die Augen.
Vorher aber erblicke ich noch
die weiblichen Augen über
              der sterilen Gesichtsmaske
und finde noch Zeit zu lächeln.
Guten Tag, schöne Augen.

Mir aber wurden schon die Adern abgebunden,
und Spreizer machten meine Wunde klaffen,
damit der Chirurg
die paravertebrale Muskulatur abheben
und das Rückgrat freilegen konnte.
Mein Atem ging leise stöhnend.

Ich lag auf der Seite,
die Arme an den Gelenken festgebunden,
die Hände frei,
gehalten jedoch von der Schwester
auf ihrem Schoß,
unmittelbar vor meinem Kopf,
und ich packte ihren Schenkel,
drückte ihn krampfhaft an mich,
wie der Taucher die schlanke Amphora,
wenn er zur Oberfläche strebt.

Im selben Augenblick begann das Pentatol
in meine Adern zu strömen,
und alles erlosch in mir.
Dann war es finster
           wie beim Weltuntergang,
ich empfand nichts mehr.

Schwesterchen, Sie haben angeblich
                    blaue Flecken.
Seien Sie mir nicht böse.
Im stillen jedoch sage ich mir: Schade,
daß ich sie nicht emportragen konnte,
die verlockende Beute,
bis hinauf, bis ans Licht,
bis vor die Augen.

Das Schlimmste habe ich hinter mir,
meine ich, ich bin schon alt.
Das Schlimmste habe ich vor mir,
ich lebe noch. Wenn Sie es unbedingt
      wissen wollen,
ich war glücklich.
Manchmal einen ganzen Tag, manchmal
      eine ganze Stunde,
manchmal ein paar Minuten nur.

Mein ganzes Leben über blieb ich
      der Liebe treu.
Und sind die Hände der Frau
      mehr als Flügel,
was sind dann ihre Beine?
Gern habe ich ihre Kraft geprüft.
Sie ist zart beim Umklammern.
Mögen also Knie
meinen Kopf zermalmen!

Schlösse ich in solcher Umklammerung
      die Augen,
wären sie nicht so berauscht,
und mir hämmerte es nicht so toll
hinter den Schläfen.
Aber warum sollte ich sie schließen?

Mit offenen Augen
habe ich dieses Land durchmessen.
Es ist schön, das wißt ihr.
Es war mir vielleicht mehr
als alle meine Lieben zusammen.
Diese Umarmung hält ein ganzes Leben.
War ich hungrig,
nährten mich, fast täglich war's nötig,
die Worte seiner Lieder.


Jene, die fortgingen
und eilends in andere Länder flohen,
haben vielleicht schon erkannt:
Die Welt ist schrecklich!
Sie lieben nicht und werden nicht geliebt.
Wir wenigstens lieben.


Mögen also die Knie meines Landes
meinen Kopf zermalmen.

Hier die genaue Aufzählung der Marschflugkörper: (Cruise missiles)

| | |
|---|---|
| Boden – Luft | Surface-to-Air |
| Boden – Boden | Surface-to-Surface |
| Boden – Schiff | Surface-to-Sea |
| Luft – Luft | Air-to-Air |
| Luft – Boden | Air-to Surface |
| Luft – Schiff | Air-to-Sea |
| Schiff – Luft | Sea-to-Air |
| Schiff – Schiff | Sea-to-Sea |
| Schiff – Boden | Sea-to-Surface |

Schweige, Stadt, man hört das Wehr nicht.
Und die Menschen gehen und ahnen nicht,
daß ihre Köpfe überflogen werden
von glühenden Küssen,
mit der Hand aus einem Fenster
                ins andere geschickt.

| | |
|---|---|
| Mund – Augen | Mouth-to-Eyes |
| Mund – Wange | Mouth-to-Face |
| Mund – Mund | Mouth-to-Mouth |
| Und so weiter | And so on |

Solange die Hand nicht abends
                die Jalousie herabzieht
und das Ziel verdeckt.

Am kleinen Himmel ihres Heims,
zwischen Nähkörbchen
und Pantoletten mit Federquasten,
wächst rasch der heiße Mond
ihres Bauches.

Sie zählt schon die Tage der Lerche,
obwohl die Spatzen noch Mohn picken
hinter den Eisblumen.

Im Mutterblumennest
zieht jemand bereits die Feder
des kleinen Herzens auf,
damit es sein ganzes Leben genau gehe.

Warum nur wird geredet
······················von grauen Haaren
und von Weisheit?
Brennt der Busch des Lebens
······················allmählich nieder,
sind Erfahrungen wertlos.
Sie sind es übrigens immer.

Nach dem Hagelschlag auf die Gräber
ward die Säule emporgeschleudert,
und auf ihre Schwere
stützten sich vier alte Dichter,
um die Seiten der Bücher vollzuschreiben
mit ihren Bestsellern.

Der Brunnen ist bereits leer,
Zigarettenstummel liegen darin,
und die Sonne enthüllt nur zögernd
die Trauer beiseite geschobener Steine.
Hier könnte man sogar betteln.

Aber das Leben nur so wegwerfen,
für nichts und wieder nichts,
das will ich nicht.

## Karussell mit weißem Schwan

Dort, wo sich das Pflaster
            schon verwandelt hat
in büschelige Grasnarbe
und die elektrischen Drähte in Schwalbenflügel,
wurden im Frühjahr Abend für Abend
zwei Azetylenlampen angezündet,
die Nacht kreiste sie ein,
und das Karussell setzte sich in Bewegung.

Am erleuchteten Raum vorbei
schlenderten abendliche Paare,
um sich aneinanderzukuscheln
       unter dem Strauch der Dunkelheit,
der bestreut ist mit Sternen.

Denn die schönste aller Gottheiten
ist die Liebe.
Dem war immer und überall so,
nicht nur im türkisenen Griechenland,
sondern auch im lausigen Žižkov,
wo die Stadt entweder begann
oder endete. Wie Sie wollen.

Und wo in den Kneipen gesungen wurde
bis zum frühen Morgen.

Und wo auf dem Rundlauf
       zwischen den Pferdehufen
elegant und erhaben
ein aristokratischer Schwan schwamm,
als wäre er herausgerissen
       aus Mallarmés Gedichten.
Und er breitete die Flügel aus.

Am Nachmittag hatte ein eiliger Schauer
auch das zertrampelte Gras riechen gemacht,
der Abend, voll frühlingshaftem Bangen,
verschmolz mählich mit der Nacht.

Der Leierkasten zerteilte ein Weilchen schon
ein neues Lied,
als ein Mädchen mit silbernem Armband
zwischen die Schwanenflügel stieg.

Ich achtete auf ihr Handgelenk,
weil sie den Schwanenhals umfangen hielt,
ihre Augen aber
mieden meine sehnsüchtigen Blicke.

Schließlich sah sie mich doch an
und lächelte ein wenig,
beim zweitenmal winkte sie mir,
beim drittenmal warf sie mir
                    eine Kußhand zu.
Das war alles.

Ich wartete auf ihr Wiedererscheinen,
um während der Fahrt zu ihr aufzuspringen,
aber zwischen den Flügeln war es nun leer.

Manchmal ist Liebe wie eine Blüte
des Klatschmohns,
man bringt sie nicht bis nach Hause.
Damals zischten die beiden Lampen
wie Schlange und Schlange,
wie zwei Schlangen zischten sie einander an,
und ich rannte vergeblich
                    ihren Beinen nach
in die weite Dunkelheit.

Schade, daß vom Haus unweit des Tayns
das Hauszeichen abgenommen wurde.
Es zeigte im Oval das Relief einer Frau,
und unter ihrem Rock,
der stolz bis über die Knie geschürzt war,
die sich drehende Erdkugel.

Oft war ich dort stehengeblieben,
hatte eine Zeitlang verweilt
wie der Pilger vor dem Heiligenbild,
das an die Rinde eines Baumes
                           genagelt ist.

Früh schon erahnte ich,
was Weiblichkeit ist.
Daß sie die Hübschheit des Lebens
                           selber ist,
und legt man sein Gesicht hinein,
ächzt man vor Wonne.

Seinerzeit bereits nahm ich mir vor,
nur Verse über die Liebe zu schreiben,
wie Herr Neruda einst
nur Verse über die Sterne schrieb.

Es gab eine Zeit, da ein Kanonenschuß
                von der Burg
die Mittagsstunde anzeigte,
und für die Sekunde eines Atemzuges
                verebbte die Hast.
Es gibt Morgenfrauen, Mittagfrauen
und Abendfrauen.


Zögernde Finger irrten weich
über die Haut der Prüderie,
bis Scham und Furcht die Plätze flohen,
die wir so lieben,
und die Welle der Nacktheit, eine
         nach der anderen, überflutete uns
Mund, Augen, Wange
und kehrte zurück wieder zu den Lippen
wie an ein Ufer.


So begann unser Blut einzuströmen
in ihre Venen
und von dort ins Herz
         und aus dem Herzen zurück
in unsere Pulsadern.


Weder Machtgelüste noch Ruhmsucht
pflegen so schwindelerregend zu sein
wie die Leidenschaften der Liebe.
                War ich vielleicht auch
nicht gerade einer von denen,
die ihrer im Übermaß teilhaftig wurden,
küßte ich ihr doch dankbar die Füße.

Scheint mir bei den Frauen von heute,
sie seien schöner
als die Frauen meiner Jugend,
ist es nur Trug und Vermutung.
Nur heiße Wehmut. Und Kümmernis.

Unlängst erhielt ich
vergilbte Fotos von Muchas Modellen
in seinem Pariser Atelier.
Der überraschende Liebreiz
               dieser Frauen von einst
benahm mir den Atem.

Zwei Kriege gab's, Krankheiten und Hunger
und ein Bündel voll Not.
Damals war es nicht schön auf der Welt.
Aber es war unser Leben fürwahr,
mag es gewesen sein, wie es wollte.

Mich verlangte nach fremden Städten
in unbekannten, farbenfrohen Landschaften,
auch am Rande der Wüste.
Sie entfernen sich nun schon rasch von mir
wie Sterne in alten Finsternissen.
In den Kathedralen ist es kalt,
und das Lächeln der Frauen
ist mir schon kostbar, fremd, fern
wie Blumen des Urwalds.

Einzig das Verlangen ist geblieben,
        damit ich nicht allein sei,
und die Neugier.
Beide fragen mich tagtäglich aus.
Zum Glück gehen die Frauen bei uns nicht
verschleiert bis zu den Knöcheln.
Doch die unabweisbare Zeit setzt mir
                  stark zu
und führt mich gewaltsam anderswohin.

Lebt wohl. Ich habe im Leben nie
              etwas verraten.
Dessen bin ich mir sicher,
ihr könnt es mir glauben.

Ist doch die schönste aller Gottheiten
die Liebe.

# Epiloge

# Das Kränzchen aus Salbei
*Für František Hrubín*

Mittag nahte, und eine Stille herrschte,
die von Fliegensummen zerschnitten wurde
wie von einem Diamanten.
Wir lagen im Gras an der Sazawa
und tranken Chablis,
gekühlt in einem Waldbrunnen.

– Auf Schloß Konopischt
durfte ich einmal den Dolch
                        aus einer Vitrine
genauer ansehen.
Erst in der Wunde öffnete eine geheime Feder
die dreifache Klinge.
Dergestalt pflegen manchmal
                        auch Verse zu sein.
Es gibt ihrer zwar nicht viele,
aber sie lassen sich nur schwer
                        aus der Wunde reißen.

– Der Dichter ist oft wie der Liebhaber.
Leicht vergißt er
die Zusage von Zärtlichkeit,
        flüsternd gegeben,
und bemächtigt sich
    der zerbrechlichsten Lieblichkeit
mit brutaler Geste.
Er vergewaltigt rechtens.
Im Zeichen der Schönheit
oder des Schmerzes.
Oder auch im Zeichen beider.
Dies ist seine eigentliche Sendung.

Die Ereignisse selbst reichen ihm
die bereitliegende Feder,
auf daß er mit ihrer Spitze
       für immer tätowiere
seine Botschaft.
Nicht in die Haut auf der Brust,
sondern unmittelbar hinein
       in jenen Muskel,
welcher das Blut aufwühlt.

Rose und Herz aber bedeuten
       nicht nur Liebe,
Schiff nicht nur Reise und Abenteuer,
Messer nicht Mord
und Anker nicht Treue
       bis in den Tod.
Die törichten Symbole lügen.

Das Leben ist längst über sie
       hinausgewachsen.
Es pflegt ganz anders zu kommen,
zumeist viel schlimmer.

Darum möge der lebenstrunkene Dichter
alle Bitterkeit ausspeien,
den Zorn und die Verzweiflung,
auf daß sein Lied nicht zur Schelle werde
am Hals der Schafe.

Als wir austranken
und vom zerdrückten Gras uns erhoben,
sprang am Ufer
eine Schar nackter Kinder in den Fluß,
                    direkt unter uns.
Eines der Mädchen aber,
jenes, das im strohigen Haar
ein Kränzchen nassen Salbeis trug,
kletterte auf einen Felsblock,
um sich auf den erwärmten Stein
                    zu legen.

Wir erschraken ein wenig:
                    Um Gottes willen,
das ist doch kein Kind mehr.

# Das Modell

Wenn sie mich nur wieder in die Kotze wickelten
und ins Atelier schleppten
zum warmen Ofen.
Und Punsch in mich schütteten.

Stehe nackt hier im Schnee,
nur damit Meister Hynais
die Tönung eines blaugefrorenen Körpers
genau einfangen kann
auf dem Bild ›Winter‹.

Lange hat er angeblich eine Blondine
wie mich gesucht,
eine mit schieferfarbenen Augen.
Wäre ich wie ein Rabe
und hätte rote Augen wie eine Maus,
stünde ich nicht hier.

Und er würde mich nicht behängen
mit dieser duchsichtigen Draperie.
Langsam, wie absichtlich.
Einmal, damit sich meine Brüste
                          abzeichnen,
ich habe hübsche,
ein andermal, damit meine Schenkel
                          zu sehen sind
mit der Gänsehaut.
Jedesmal tritt der Herr Professor
                          gemächlich zurück,
legt den Stoff dann in andere Falten,
und ich friere weiter.

Mach schon, alter Narr!
Du hast Winterschuhe und einen Pelz an,
ich hingegen stehe nackt da
im dünnen, durchsichtigen Fetzen.

Die Kälte im Rücken würde ich aushalten,
doch der Wind von vorn
macht mir zwei Eisklumpen
und sticht mich in die Brustwarzen
wie mit einer Stecknadel.

Was weißt du eigentlich
über den Frauenkörper?
Frauen sind im Bauch empfindlich,
und erkälten sie sich von unten,
ist es ein Malheur für lange.

Ich pfeife auf dein Bild,
pfeife auf Boudoir und königliches Lager.
Soll ich wegen der Kunst erfrieren?
Ich pfeife auf dieses ganze Nationaltheater!
Den Ruhm wirst du einheimsen,
und ich kriege Lungenentzündung.
Daran stirbt man leicht,
sehr leicht, damit du es weißt.

Überleg nicht mehr, sondern male,
oder ich schlag dir die Palette aus der Hand
und zertrample sie im Schnee.
Ich sei noch nicht violett genug?
Daß ich mit den Zähnen klappere
wie das Gerippe im Marionettentheater
genügt dir wohl nicht?

Wärst du bloß in deinem Paris geblieben!
Das letzte Gassenmädchen
würde dir nicht so stehen.
Dort wären alle möglichen Schlampen
zu allem bereit – pah!

Wenn sie nur schon wieder mit der Kotze kämen,
mit der rauhen, aber warmen Kotze,
wenn sie nur schon kämen.

# Nächtliche Dunkelheit

Erst in meinen späten Jahren,
da ich nirgendhin mehr aufbrechen kann,
erfuhr ich durch Lektüre,
        daß bei uns in Böhmen
die schlanke Königskerze
auch Sonnenstock genant wurde.

Mir bleibt noch eine Weile,
um einige Verse zu schreiben,
doch es ist wohl zu spät, mich zu erinnern
an die dunklen Stunden einstiger Nächte.

Zunächst an die süßen,
alle mit dir!
Der Mond war nicht aufgegangen,
        die Sterne schienen nicht,
die Laternen zwischen den Bäumen
        waren weit weg,
und du hattest die Augen geschlossen.

Dann an jene, die wir durchirrten
im verdunkelten Prag.
Sämtliche Fenster waren verhüllt,
und hinter vielen weinten Menschen,
daß einem das Herz brach.

Wie viele dieser Blumen gab es doch
        auf den Jüdischen Öfen
und hinter dem Roten Hof,
vor kurzem auch bei uns in Břevnov noch
im aufgelassenen Steinbruch!

Als hätten römische Soldaten
ihre Speere in die Erde gerammt
und bei ihnen Platz genommen,
um entweder noch ein Weilchen
                Würfel zu spielen
oder um schon schlafen zu gehen.

# Schläge der Turmuhr
*Für Cyril Bouda*

Eines Abends, als die Nacht
             bereits hereinbrach
und der Taubenmist auf den Turmsimsen
dem Mondschein glich,
lauschte ich im Maltesergarten
einem Vivaldi-Lied.
Gespielt von einem Mädchen
                 auf silberner Flöte.
Was kann ein schlankes Instrument
in Mädchenfingern schon verbergen?
                         Fast nichts.
Zeitweise vergaß ich, zuzuhören.

Jenseits der Brücke toste
           wie aus der Ferne das Wehr,
weil auch das Wasser keine Ketten verträgt
und im Durchlaß aufschäumt.

Fast unmerklich bewegte sie im Takt
die Spitze ihres kleinen Schuhs
und lockte mit ihren Lippen
            das alte Lied
in den alten Garten.
Von weither. Aus einer Stadt im Süden,
wo zwischen den Adern der Lagunen
Paläste auf dem Handgelenk
            des Meeres ruhen.

Das Lied machte das Mädchen zittern
>> von oben bis unten.
Obwohl die liebliche Kantilene
dazu verleitete,
bewirkte des Mädchens wehrloser Liebreiz
>> in diesem Augenblick,
daß ich nicht einmal im Geiste
>> den Mut aufbrachte,
und nicht einmal dem Gedanken
>> es vergönnte,
mit der Kuppe eines Fingers
ihre Wangenröte zu berühren.

In diesem lächelnden Spiel
>> der Dunkelheit und der Flöte,
der Schläge der Turmuhr
und der schräg fallenden Sterne,
wo es möglich wurde, eilends irgendwie
>> hinaufzulaufen
eine schwindelerregende Treppe,
ohne sich aufs Geländer zu stützen,
da umklammerte ich krampfhaft
>> das Metall
meiner französischen Gehstöcke.

Als der Applaus verklungen war,
schien mir, daß im Halbdunkel
                    des nahen Parks
das Geflüster und die zögernden Schritte
der Pärchen zu vernehmen seien.

Ihre heißen Küsse jedoch
waren bereits erstes Weinen der Liebe.
Denn alle großen Lieben enden tragisch,
und die übrigen, die nur glücklichen,
sterben in Peinlichkeit und Verlegenheit.
Für gewöhnlich auch zu früh.

# Vogelstimmen in Baumkronen

Nur das Törchen im Gitterzaun unterbricht,
                obwohl ewig offen,
den Weg zum Libosad
und zur weißen Loggia
am Ende der Lindenallee.
Ich ging manchmal hin, um zu hören
die längst vergangenen Schritte von Mácha
auf dem feuchten Steinboden
inmitten der jubilierenden Liebendenlieder
oben und ringsumher.

Ich weiß, Vögel beklecksen allerlei,
auch die reinen Äuglein der Vergißmeinnicht,
manche lauern sogar an Fluglöchern
und morden Bienen,
geschickt deren Stachelstich vermeidend.
Hier aber ist ihr Königreich.

Läßt sich bei uns vom Gesimse
die Amsel im März
          zum erstenmal vernehmen,
klingt es wie schrilles Läuten
          einer Bahnsteigglocke
auf dem Land –
der Frühling verläßt die Station.

Über dem Libosad erhebt sich der Zebín.
Auf seinem Gipfel
schlägt die Magnetnadel aus
und zittert wie mein Herz,
wenn ich auf der Treppe zur Loggia
deine Beine erblicke.

# Im leeren Zimmer

Auch der Rabe gehört zur Ordnung
                der Singvögel,
und dies verleiht mir Mut,
wenn Trauer wie stickiger Smog
in mein Leben einfällt.
Woher süße Lieder nehmen,
wenn der Mensch alt ist.
Ihn widert sogar das Weiß des Schnees an.

Dir würde ich trotzdem gern
eine schneeweiße Taube bringen.
Hieltest du sie in den Händen,
pickte sie dich zärtlich in den Finger.
Ich sehe sie oft auf dem Dach gegenüber
und könnte sie mir erbitten.
Von weither kam sie geflogen,
aus den Liebesliedern König Salomos.
Drücke sie sanft an deine Brust,
dort gehört sie hin.
Fliegt sie mit den anderen auf,
glitzert sie augenblicksweise
wie ein Spiegel in der Sonne.

Du kannst auch schweigen,
              falls dir nicht nach reden ist,
nur lächle,
wenn du gehst,
gib mir einen Kuß nicht nur auf die Wange,
sondern auch auf den Mund.
              Wie unbescheiden ich bin!

Ich entsinne mich der Zeit,
            da es im Kino noch dunkler war
als heutzutage.
Die Filme waren dunkler, obendrein
regnete es auf der Leinwand ständig.
Lediglich über den Türen glimmten
            rote Glühbirnen
für den Fall einer Panik.


Die jungen Leute küßten sich damals
nicht bloß im Hintergrund dunkler Logen,
sie taten es auch in der letzten Sitzreihe.
Gierig saugte ich den Speichel
            aus Mädchenmündern.
Er berauschte leicht
wie Saft aus gekauten Betelbissen,
der jedoch sattrot ist
und auf der Zunge brennt.

# Nachtigallenschlag

Ich bin Jäger von Tönen und Sammler
magnetophonischer Aufzeichnungen.
Im Funk höre ich das Halali
auf sehr kurzen Wellen.
Ich zeige Ihnen meine Sammlung.

Der Nachtigallenschlag. Er ist zwar
                ziemlich bekannt,
aber diese Nachtigall
ist aus dem Geschlechte derer,
        die Neruda belauschte,
bevor er Prager Schönheiten den Kopf verdrehte.
An diese Aufzeichnung fügt sich
                der verstärkte Ton
einer aufbrechenden Knospe,
wenn sich die rosigen Blütenblätter
            zu entfalten beginnen.

Hier einige düstere Aufnahmen.
Das Röcheln eines Sterbenden.
Völlig authentisch.
Das Knarzen eines Leichenwagen
            und der Rhythmus
von Pferdehufen auf dem Pflaster.
Dann die Trauerfanfare des Nationaltheaters
bei Horas Begräbnis.

Diese habe ich durch Tausch erworben.
Doch das Band Gefrorene Schollen,
gesungen an Mutters Sarg,
ist eine Aufzeichnung.

Es folgen Chevalier und die Mistinguett,
die anmutige Josephine Baker
mit dem Busch aus Straußenfedern,
von den Jüngeren sodann die reizenden Greco
				und Mathieu
mit ihren neuesten Aufnahmen.

Schließlich vernehmen Sie
		das leidenschaftliche Geflüster
unbekannter Liebesleute.
Nein, die Worte sind nicht gut zu verstehen,
Sie hören nur Stöhnen.
Und die gedehnte Stille am Ende,
abgeschlossen mit einem Seufzer,
			ist jener Augenblick,
da der ermattete Mund
auf den ermatteten Lippen haften bleibt.

Es ist eher ein Ausruhen
als ein Kuß.
Ja, vielleicht haben Sie recht,
der Augenblick Stille nach der Liebe
gemahnt an den Tod.

# Rauch einer Marihuana

An der Rampe sich verbeugen
und fast auf die Knie fallen,
wie es Franzosen auf der Bühne tun,
nein, das wäre nichts für mich.
Kaum aber hatte ich glücklich
ein paar Verse über die Liebe geschafft,
suchte ich mit den Augen
        die Augen der Frauen,
mit den Händen ihre Hände
und mit dem Mund
        ihre überraschten Lippen.

Gott weiß, daß in unserem Land
die Frauen Verse lieben.
Vielleicht pressen sie gerade darum nicht
angesichts seufzender Dichter
        die Handflächen krampfig
an ihre Brüste.

Als ich noch jung war
und lernte, Frauen den Hof zu machen,
ach, du meine Dünkelhaftigkeit,
prächtiger warst du damals
als ein Pfauenrad,
das blau, rosa und golden ist
wie die Palette Renoirs.

Mich solchermaßen selbst belügend,
gelangte ich glücklich bis ans Ende,
bis zu jener Verzweiflung,
die wir Weisheit nennen.
Ich weiß nicht, warum.

Im selben Moment flüsterte
	jemand hinter meinem Kopf
mir ins Ohr:
Wie der Rauch einer Marihuana
sind die Verse der Dichter.

Wenn also der flüchtige Rauch
die Tür in unbekannte Landschaften öffnet,
aus denen uns lächelnd entgegenkommen
wonnige Augenblicke des Glücks,
die sich mit Augenblicken glücklicher Wonne
bei der Hand halten,
warum sollten gleiches nicht auch Verse
					vollbringen?

Es genügt ein einziges Lied,
damit die Menschen den Atem anhalten,
damit die Mädchen, wenn sie es vernommen,
zu weinen beginnen.

Wie gern würde ich dies können!
Zumal heute,
da ich alt bin, auf der Stelle trete
und die Worte zwischen meinen Zähnen knirschen.

Würde ich dennoch mich in die Stille
				einhören
und meine Feder zwingen –
was, meinen Sie, bekämen Sie zu hören?

Höchstens ein Lied,
das mit durchtrennter Kehle
Jan Jakub Ryba sang,
nachdem ihm das Rasiermesser
               aus der Hand gefallen war
und er noch angelehnt stand
               an eine Kiefer,
allein, ganz allein
im Wald bei Rosental.

# Und auf Wiedersehen

Der Million Verse auf dieser Welt
habe ich nur ein paar Strophen hinzugefügt.
Sie waren nicht weiser als Grillenlieder.
Ich weiß es. Verzeiht mir.
Ich mache ohnehin Schluß.

Schon gar nicht waren sie erste Tritte
im Mondstaub.
Wenn sie trotzdem hie und da aufleuchteten,
dann nicht von ihrem eigenen Licht.
Ich liebte diese Sprache.

Und sie, der es gelingt, schweigende Lippen
zittern zu machen,
bringt Liebesleute leicht zum Küssen,
wenn sie durchs Abendrotland schlendern,
wo die Sonne langsamer untergeht
als in den Tropen.

Poesie begleitet uns von Anbeginn.
Wie das Lieben,
wie Hunger, Pest und Krieg.
Mitunter klangen meine Verse einfältig,
daß es eine Schande war.

Aber dafür entschuldige ich mich nicht.
Ich glaube, Suchen nach schönen Worten
ist besser als Töten und Morden.

# Inhalt

## Der Halleysche Komet
Widmung 7
Königliches Lustschloß 9
Tyl-Theater 10
Insel Štvanice 12
Marche funèbre 14
Der Halleysche Komet 17
Pulverturm 19
Walfisch-Skelett 21
Bahnsteigkarte 23
Hauszeichen 25
Basilika St. Georg 27
Mai 28
Der alte Friedhof von Olschan 30
Totengasse 32
Neue Schloßstiege 34
Salweidenrute 37
Botanischer Garten 39
Reise nach Venedig 41
Unter dem Kristallüster 43
Vor dem Matthias-Tor 45
Die Prager Burg 47
Die Äolsharfe 53
In der Bertramka 55
Lustschloß Stern 57
Der Fotograf Josef Sudek 58
Café Slavia 61
Park in Veltrusy 62
Eines dieser Frühjahre 64
Hauptbahnhof 65
Zum goldenen Brunnen 66

Regentropfen 68
Last des Lehms 70
Insel Kampa 72
Schnabelflöte 74
Kuppel der Sternwarte 76
Krankenhaus in Motol 78

## Der Regenschirm vom Piccadilly

Selbstbiographie 83
Stille voll Schellenklang 86
Eisvogeljagd 90
Kränzlein am Handgelenk 93
Fingerabdrücke 95
Novemberregen 99
Das Grab des Herrn Casanova 102
Berta Soucaret 106
Máchas nächtliche Reise nach Prag 110
Prager Vedute 113
Lied der Walfische 118
Der Zylinder des Herrn Krössing 123
Mondgerümpel 126
Das Haupt der Jungfrau Maria 130
Vier kleine Fenster 133
Beim Maler Vladimír Komárek 137
Der Regenschirm vom Piccadilly 140
Kampf mit dem Engel 144
Stück aus einem Brief 148
Das Fenster auf Vogelschwingen 151
Eine Geliebte der Dichter 153
Verlorenes Paradies 155
Königliches Lustschloß 158
Schüssel mit Nüssen 162

## Die Pestsäule
Während eines seiner frühen Vorträge  167

Geschrei der Gespenster
Vergeblich greifen wir  171
Im Wartezimmer des Zahnarztes  172
Als das Mädchen im Sterben lag  173
Hallo, Fräulein, haben Sie nicht gehört?  174
Als die Seele dem Mädchenmund entwichen  175
Wo nur las ich das Lied  176

Wallfahrtsort
Nach langer Reise erwachten wir  177
Ein paar Schritte von uns entfernt  178
Wenig später schon knieten alle  179
In der Bibel schreibt der Evangelist Lukas  180
Heute weiß ich, wie sich in einem solchen  181
Damals bereitete ich mich erst  182
Das Leben – es ist der schwere,  183

Der Kanalgarten
Erst zum Alter hin lernte ich  184
Im Garten, auf einem vergessenen Stein  185
Die Nacht, Besitzerin der Finsternis  186
Noch aber liegt Licht auf den Beeten  187
Über dem Bassin steht die Göttinnenstatue  188
Man schrieb damals aufs Türfutter  189
Nacht, ewiger Ameisenhaufen  191
Kehren wir zum Herrn Grafen zurück  192
Wenn einer ihrer zwei gerundeten Gipfel  193
Nach dem Tanz ließ sich  194
Ich hatte Glück. Hand in Hand  195
Ich schaue auf deine Stirn  196
Der Graf ist tot, die Gräfin ist tot  198

**Die Pestsäule**
In die vier Himmelsrichtungen wenden sich   199
Ich bitte dich, Junge, springe   201
Getauft wurde ich in der Pestkapelle   202
Manchmal stand ich   203
Laßt euch bloß nicht einreden   204
Auf den Wiesen von Juliánov   205
Wie viele Rondos und Lieder   206
Meine Haut, dreimal bestrichen   207
Das Schlimmste habe ich hinter mir   209
Hier die genaue Aufzählung der Marschflugkörper   211
Am kleinen Himmel ihres Heims   212
Warum nur wird geredet   213

Karussell mit weißem Schwan
Dort, wo sich das Pflaster   214
Am Nachmittag hatte ein eiliger Schauer   215
Schade, daß vom Haus unweit des Tayns   216
Es gab eine Zeit, da ein Kanonenschuß   217
Mich verlangte nach fremden Städten   219

# Epiloge
Das Kränzchen aus Salbei   223
Das Modell   226
Nächtliche Dunkelheit   229
Schläge der Turmuhr   231
Vogelstimmen in Baumkronen   234
Im leeren Zimmer   235
Nachtigallenschlag   237
Rauch einer Marihuana   239
Und auf Wiedersehen   242

# Lyrik bei Piper

**Ingeborg Bachmann**
**Anrufung des Großen Bären**
Gedichte. 9. Aufl., 39. Tsd. 1985. 79 Seiten.
Serie Piper 307

**Ingeborg Bachmann**
**Die gestundete Zeit**
Gedichte. 10. Aufl., 41. Tsd. 1985. 63 Seiten.
Serie Piper 306

**Ingeborg Bachmann**
**Liebe: Dunkler Erdteil**
Gedichte aus den Jahren 1942–1967.
2. Aufl., 12. Tsd. 1985. 61 Seiten.
Serie Piper 330

**Jossif Brodskij**
**Einem alten Architekten in Rom**
Gedichte. Aus dem Russischen von Karl Dedecius, Rolf Fieguth und Sylvia List. 1986. 122 Seiten. Serie Piper 506

**Diether Dehm**
**Unschuld kommt nie zurück**
Lieder und Gedichte. Mit einem Vorwort von Peter Maffey.
1987. 128 Seiten. Serie Piper 751

**Uwe Dick**
**Theriak**
13 Fügungen. Mit einem Essay von Eva Hesse.
1986. 172 Seiten. Serie Piper 564

**Hilde Domin**
**Ich will Dich**
Gedichte. 5. Aufl., 12. Tsd. 1985. 47 Seiten. Geb.

PIPER

# Lyrik bei Piper

**Ludwig Fels**
**Der Anfang der Vergangenheit**
Gedichte. 1984. 118 Seiten. Geb.

**Gert Heidenreich**
**Eisenväter**
Gedichte. 1987. 117 Seiten. Geb.

**Georg Heym**
**Gedichte**
Ausgewählt und mit einem Nachwort von Harald Hartung.
1986. 123 Seiten. Serie Piper 494

**Robinson Jeffers**
**Unterjochte Erde**
Gedichte. Übersetzt und mit einem Nachwort von Eva Hesse.
1987. 167 Seiten mit 15 Abb. Serie Piper 617

**Barbara M. Kloos**
**Solo**
Gedichte. 105 Seiten. Geb.

**Edgar Lee Masters**
**Die Toten von Spoon River**
Gedichte. Aus dem Amerik. von Wolfgang Martin Schade.
Mit einem Nachwort von Frutz Güttinger.
1987. 258 Seiten. Serie Piper 504

**Eugenio Montale**
**Glorie des Mittags**
Ausgewählte Gedichte. Italienisch/Deutsch.
Übertragen und mit einem Nachwort von Herbert Frenzel.
1975. 176 Seiten. Geb.

# PIPER

# Lyrik bei Piper

## Eugenio Montale
### Satura / Diario
Aus den späten Zyklen. Italienisch / Deutsch.
Übertragen und mit einem Nachwort
von Michael Marschall von Bieberstein. 1976. 190 Seiten. Geb.

## Pier Paolo Pasolini
### Gramsci's Asche
Gedichte. Italienisch / Deutsch.
Mit einem Nachwort von Michael Marschall von Bieberstein.
Aus dem Italienischen von Toni Kienlechner.
1983. 192 Seiten. Serie Piper 313

## Lutz Rathenow
### Zangengeburt
Gedichte. 2. Aufl., 6. Tsd. 1987. 96 Seiten.
Serie Piper 654

## Marin Sorescu
### Abendrot Nr. 15
Gedichte. Aus dem Rumänischen von Oskar Pastior.
1985. 123 Seiten. Geb.

## Georg Trakl
### Abendländisches Lied
Gedichte. Ausgewählt und mit einem Nachwort von Jürg Amann.
126 Seiten. Serie Piper 514

## Lope de Vega
### Wir leben in zwei Zeiten
Lieder und Romanzen. Spanisch / Deutsch. Übersetzt, herausgegeben
und mit einem Nachwort von Erwin Walter Palm.
1987. 96 Seiten. Serie Piper 809

PIPER

# Lyrik bei Piper

**Lutz Rathenow**
**Zangengeburt**
Gedichte. 2. Aufl., 6. Tsd. 1987. 96 Seiten.
Serie Piper 654

**Russische Lyrik**
Gedichte aus drei Jahrhunderten.
Ausgewählt und eingeleitet von Efim Etkind.
1987. 575 Seiten. Serie Piper 770

**Marin Sorescu**
**Abendrot Nr. 15**
Gedichte. Aus dem Rumänischen von Oskar Pastior.
1985. 123 Seiten. Geb.

**Georg Trakl**
**Abendländisches Lied**
Gedichte. Ausgewählt und mit einem Nachwort von Jürg Amann.
126 Seiten. Serie Piper 514

**Lope de Vega**
**Wir leben in zwei Zeiten**
Lieder und Romanzen. Herausgegeben von Erwin Walter Palm.
1987. 96 Seiten. Serie Piper 809

PIPER

# Harald Hartung

## Deutsche Lyrik seit 1965
Tendenzen – Beispiele – Porträts
1985. 252 Seiten. Serie Piper 447

Der in Berlin lebende Schriftsteller und
Literaturwissenschaftler Harald Hartung widmet sich
in diesem Buch der Entwicklung der deutschen
Lyrik in den letzten 20 Jahren.
In einführenden Darstellungen, mit Gedicht-
beispielen und thematisch zusammenfassenden
Beiträgen zeichnet Hartung ein erstaunlich
vielseitiges Panorama der Dichtung unserer Zeit.
In einzelnen Porträts stellt er die Lyriker
Karl Krolow, Walter Helmut Fritz, Jürgen Becker,
Oskar Pastior und Günter Grass vor.
Eine Bibliographie rundet diesen Band,
der Einführungs- und Lesebuch
in einem ist, ab.

P̄IPER

# Die Pausen zwischen den Worten
Dichter über ihre Gedichte
Herausgegeben von Rudolf Riedler.
1986. 131 Seiten. Serie Piper 638

Zwei Dutzend Dichter geben Auskunft über sich und »ihr« Gedicht – nicht im Sinne einer schulgerechten klassischen Interpretation, sondern sehr persönlich: sozusagen von Mensch zu Mensch. So bekommt auch das Gedicht, das manchem so fern ist wie ein fremder Stern, menschliche Nähe.

Was sich der Dichter gedacht hat, ist nicht mehr als ein unverbindlicher Vorschlag. Jeder darf, jeder soll sich seine eigenen Gedanken machen, besser: seinen Eindrücken, seinen Empfindungen nachgeben, sich dem Gedicht ganz unbefangen öffnen. So wird die persönliche Begegnung, der »angstfreie« Umgang mit dem Gedicht möglich: So wird ein Gedicht zu »meinem« Gedicht.

Zwei Dutzend Dichter geben Auskunft. Entstanden sind: Protokolle der Entstehungsgeschichte eines Gedichts, Zeugnisse von Arbeitsweisen, Dokumentationen, Werkstattberichte und, im günstigsten Fall, Einblicke in die Innenwelt eines Dichters. Manchmal wird auch nur eine Geschichte erzählt, die dem Gedicht einen Hintergrund, eine neue Dimension gibt.

Jeder Beitrag zeigt ein Gedicht in anderem Licht. Zusammen markieren sie die lyrische Landschaft unserer Zeit.

PIPER

# Wem Zeit ist wie Ewigkeit

Dichter – Interpreten – Interpretationen
Herausgegeben von Rudolf Riedler.
1987. 132 Seiten. Serie Piper 701

Was wollte Goethe, als er sein Doppelgedicht
»Meeresstille« und »Glückliche Fahrt« schrieb? Ist es die
lyrische Essenz von Erlebtem, wie Herbert Rosendorfer
sagt? Was hatte Brentano im Sinn mit seinen Versen
»Wenn der lahme Weber träumt...«? Ist es das sanfte,
ruhige, schwebende Gefühl, das Horst Bienek empfindet,
diese Harmonie, Vollkommenheit, gar Utopie?
Gedichte von gut zwei Dutzend Dichtern aus vier
Jahrhunderten sind in diesem Band versammelt.
Vierzehn Interpreten, auch sie Dichter und Schriftsteller,
haben sich an ihnen im Abenteuer des Suchens nach
Indizien, der Spurensicherung, des Mutmaßens und
Entdeckens erprobt und sich bemüht, den Gedichten ihr
Geheimnis zu entlocken.

---

PIPER

# Hugo Hartung

Der unvergeßliche Autor hat sich eine
weltweite Lesergemeinde geschaffen.

Band 1 ☐
Der Himmel war unten  *Roman*
Der Deserteur oder Die große belmontische Musik  *Novelle*

Band 2 ☐
Gewiegt von Regen und Wind  *Roman*
Schlesien 1944/45  *Aufzeichnungen und Tagebücher*

Band 3 ☐
Ein Prosit der Unsterblichkeit  *Kein heiterer Roman*
Stern unter Sternen  *Roman*

Band 4
Wir Wunderkinder  *Der dennoch heitere Roman unseres Lebens*
Wir Meisegeiers  *Der Wunderkinder zweiter Teil*

Band 5
Ich denke oft an Piroschka  *Eine heitere Sommergeschichte*
Wiedersehen mit Piroschka
Die Potsdamerin  *Roman*

Band 6 ☐
Ihr Mann ist tot und läßt Sie grüßen  *Ein Schelmenroman über Leben, Liebe und Taten des Feldweibels J. B. N. Schwärtlein*
König Bogumil König  *Ein heiterer Roman*
Das Feigenblatt der schönen Denise *und andere bedenkliche Geschichten*

Band 7 ☐
Aber Anne hieß Marie  *Ein heiterer Roman*
Die glitzernde Marietta  *Erzählungen*

Band 8 ☐
Kindheit ist kein Kinderspiel
Die goldenen Gnaden  *Festtagsgeschichten*
Die Braut von Bregenz  *Erzählungen*
Keine Nachtigallen im Ölbaumwald  *Erzählungen*

Gesamtausgabe in acht Bänden, 3840 Seiten, Leinen, in Kassette
DM 232,-
☐ Als Einzelband lieferbar je DM 36,-

**Schneekluth Verlag München**